Décolonisons la protection de la nature !

Plaidoyer pour les peuples autochtones et l'environnement

Fiore Longo

collection !

(: ? ! ;) DOUBLE PONCTUATION – ISBN 978-2-490855-42-1 © 2023

Cet ouvrage fait partie de la collection « Point d'exclamation » (ISSN 2780-2841), qui donne la parole à des « lanceurs d'alerte » et des militants.

Achevé d'imprimer en mars 2023 par Corlet, France, sur du papier bouffant 80 g labellisé PEFC pour le compte de Double ponctuation – Joinville-le-Pont, France. Polices de couverture : Encode Sans, SIL Open Font License (© Pablo Impallari, Andres Torresi et Jacques Le Bailly) ; police des pages intérieures : Cormorant Garamond Medium (pour le texte principal) et Cormorant Garamond Light (pour les notes de bas de pages), SIL Open Font License v1.10 (© 2015, Christian Thalmann et le Cormorant Project Authors). Conception de la couverture : Double ponctuation. Mise en page de la couverture : Claire Laffargue. Mise en page de l'intérieur : Delphine Panel. Correction : Nathalie Massin. Dépôt légal : 2023.

Éditions Double ponctuation – www.double-ponctuation.com – contact@double-ponctuation.com

Remerciements

À Komanda (aîné baka), au jeune Nakulire (un Batwa de 17 ans), à la petite Christine Mayi (une Baka de 10 ans), aux deux enfants batwa brûlés vifs dans le parc de Kahuzi-Biega en 2021 et à toutes les autres victimes de la violence génocidaire conservationniste qui ont perdu la vie aux mains de gardes-parcs, payés avec notre argent, pour avoir voulu continuer à être qui ils étaient dans la forêt qu'ils aimaient tant. Nous ne vous oublierons jamais.

À Thimma (Jenu Kuruba), à Pranab (Mising), à Elias (Sengwer), à Leela (Chenchu), à Jeff (Samburu), à Mekozi (Baka), à Yannick (Massaï), et à tous les autres Autochtones qui continuent à être torturés, battus, menacés, intimidés, pour la simple raison qu'ils résistent à l'assaut conservationniste contre leurs terres. Votre résistance est notre espoir.

À tous mes collègues de Survival à Berlin, Paris, San Francisco, au Brésil, à Londres, Milan et Madrid, qui continuent à se battre jour et nuit pour l'impossible et y parviennent souvent. En particulier Sophie, Linda, Marie et Martin pour leur aide précieuse et Valeska, qui, telle une reine de la langue française, a rendu mon « français sauvage » beau et lisible. À mes autres collègues, Simon et Mordecai, qui éclairent souvent mon chemin et m'apprennent tant de choses. Aux nombreux autres (mais jamais assez nombreux) chercheurs, journalistes, professeurs (merci, Guillaume !), militants, scientifiques qui se sont toujours battus pour que la vérité sur la conservation soit révélée.

Aux sympathisants de Survival : notre combat ne tient que grâce à vous.

À Stephen Corry, qui m'a tout appris, surtout à me battre et à ne jamais baisser les bras.

À ma famille. Mon père et ma mère, qui, à presque 70 ans, n'ont aucun scrupule à arrêter des recruteurs de donateurs du WWF dans la rue pour leur dire qu'ils sont « du côté des Baka ». À mes trois super sœurs, qui, en tant que bénévoles, montent des vidéos, font des brochures, et bien plus encore, parce que nous avons « besoin de moins de riches et de plus de Baka dans le monde ».

À mon compagnon d'aventure, Alex, qui, avec sa patience infinie et son grand cœur, se perd avec moi dans le labyrinthe de mes pensées, puis me prend par la main et m'aide à retrouver mon chemin.

À tous les peuples autochtones du monde : pour résister. Toujours.

Avertissement

Les témoignages contenus dans ce livre ont été recueillis lors des missions sur le terrain que j'ai effectuées dans plusieurs pays d'Afrique et d'Asie au cours des sept dernières années en tant que membre du personnel de Survival International – le mouvement mondial pour les droits des peuples autochtones. Les opinions exprimées ici sont mes opinions personnelles et ne représentent en aucun cas celles de Survival International en tant qu'organisation. Le nom de certaines personnes autochtones que j'ai eu la chance de rencontrer au cours de mes voyages et qui sont présentées dans ce livre a été modifié lorsque c'était nécessaire pour protéger leur vie. D'autres ont été conservés dans l'espoir de rendre justice à leur histoire. Je suis une militante (pas une universitaire !) et les informations que j'ai utilisées dans ce livre proviennent de mes expériences de première main et de mes propres recherches dans la lutte pour les droits des peuples autochtones. Je serais plus qu'heureuse de recevoir des commentaires, des critiques ou simplement des réactions de lecture à l'adresse suivante : decoloniser.lelivre@gmail.com

Fiore Longo est anthropologue, responsable de recherche et de plaidoyer à Survival International, le mouvement mondial pour les droits des peuples autochtones. Elle est également directrice de Survival France et de Survival Espagne. Elle coordonne la campagne « Décoloniser la protection de la nature », pour laquelle elle s'est rendue dans de nombreuses communautés en Afrique et en Asie, confrontées à des violations des droits humains. Elle a écrit de nombreux articles – en français, anglais, espagnol et italien – sur ces dérives. Les droits d'auteur de cet ouvrage seront reversés à l'association Survival International France.

Table des matières

Avant-propos – Ceci n'est pas une nature, p. 11

Le premier mythe – La nature sauvage, p. 23

    Born in the U.S.A., p. 25

    La nature est-elle vraiment sauvage ? p. 29

Le deuxième mythe – Les primitifs, p. 41

    Colonialisme : *A Love Story*, p. 47

    Au nom du père, du fils et de la sainte nature, p. 50

    Pour une poignée de dollars, p. 62

    Primitif, qui ? p. 74

Le troisième mythe – Nous savons mieux que vous, p. 77

    Qu'est-ce que la nature ? p. 79

    Au commencement étaient les vaches, p. 80

    Ceux qui savent, p. 86

    Noé était allemand, p. 93

    Les mathématiques des puissants, p. 103

    Retour vers le futur, p. 108

    Le Livre de la jungle (version non censurée), p. 109

Le quatrième mythe – Le capitalisme vert (ou comment sauver le monde sans changer notre mode de vie), p. 115

    Même la pluie, p. 117

    Le patron, p. 121

    « Il n'y a pas de limites à la croissance », p. 124

    Un air de famille, p. 133

    Pas de panique, l'espoir est là, p. 142

    « Ces gens ont vendu notre air », p. 146

    Les cinquante nuances de vert, p. 154

    Siffle le vent, p. 164

Conclusion – Briser les mythes, abattre les clôtures, p. 167

Nota bene : les sites Internet cités dans cet ouvrage ont été consultés au cours du mois d'avril 2023.

Avant-propos

Ceci n'est pas une nature

« Loliondo saigne. »

Un SMS m'a réveillée au matin du 10 juin 2022. Des dizaines d'images terrifiantes d'hommes et de femmes massaï, couverts de blessures aux jambes, au dos, à la tête, ont commencé à inonder mon téléphone. Beaucoup de sang. Et puis, des vidéos de Massaï fuyant la police tanzanienne qui leur tire dessus. On aurait dit des images de guerre. Comme beaucoup d'autres personnes des pays du Nord, j'ai été choquée et bouleversée. Comment les images paisibles de zèbres, de girafes et de lions que l'écosystème du Serengeti[1] évoque dans les esprits occidentaux ont-elles pu se transformer en un théâtre sanglant, empreint d'une telle violence ? « Vos zones de conservation sont des zones de guerre pour nous », m'explique un Massaï dans un autre SMS.

Alors que faire si c'est nous qui nous trompons, si les images que nous avons en tête sont fausses ? J'entends par là ces images de carte postale sur la nature que nous voyons sans arrêt, comme celles que l'on trouve dans *Le Roi lion* – reproduites sans fin dans des documentaires, des films, des livres scolaires... Que faire si notre idée de « la nature » n'est pas seulement erronée mais qu'elle est aussi à l'origine de bien des violences sur le terrain ?

Peu de temps avant ces événements, j'étais en mission pour Survival et voyageais avec un ami massaï, Elia, dans ces plaines apparemment sans fin du nord de la Tanzanie. Non loin de là se trouve le parc du Serengeti, dont le nom signifie « la plaine qui ne finit jamais » en langue maa. Pourtant, aujourd'hui, les terres des

---

[1] Dont Loliondo fait partie.

éleveurs pastoraux massaï sont limitées, parce qu'elles ont été accaparées pour créer le parc national du Serengeti, visité par quelque 400 000 personnes chaque année. Les populations autochtones ont été expulsées en 1959 par les colonisateurs britanniques.

Maintenant, on ne trouve plus, au sein du parc, que des animaux sauvages. Alors que nous roulions à l'extérieur de l'aire protégée, je vis la prairie la plus verte que l'on puisse imaginer, où se trouvaient des zèbres dont les rayures noires et blanches se détachaient sur le bleu clair du ciel. Et à côté des zèbres se trouvaient les vaches bien-aimées des Massaï, qui paissaient près des animaux sauvages. Et non loin de là se trouvaient les Massaï eux-mêmes et leurs maisons. Je demandai à Elia de s'arrêter, car je voulais prendre une photo de cette scène extraordinaire. « Extraordinaire ? » demanda-t-il en riant. « C'est normal pour nous : les zèbres aiment être près de notre bétail, car nous les protégeons des lions. Le Serengeti ressemblerait aussi à ça s'ils ne nous avaient pas chassés. » Pourtant, je n'avais jamais vu une telle image dans les documentaires du *National Geographic* ou sur les sites Internet d'organisations de protection de la nature. C'est comme s'ils avaient effacé les humains des images... Et si, d'une certaine manière, ils l'avaient vraiment fait ? Nos images et nos idées de la nature sont-elles, en quelque sorte, artificielles et mensongères ?

Les images sont importantes. Les images de la « nature » que nous voyons depuis notre enfance façonnent notre manière de penser et d'imaginer, mais aussi nos politiques et nos actions. Nous avons tendance à supposer que ces images représentent la réalité, comme si elles étaient neutres ou objectives. Mais elles ne le sont pas. Pour comprendre le pouvoir de nos images et leurs conséquences, prenons comme exemple une image que nous connaissons probablement tous. Il s'agit du défilé de l'armée française sur les Champs-Élysées en août 1944 pour célébrer la libération de Paris de l'invasion nazie. Cette image est bien sûr réelle dans le sens où ce que vous voyez correspond à ce qui s'est réellement passé : le 26 août, acclamés par la foule, les « héros » de la Libération défilent à Paris accompagnés des chars de la désormais célèbre 2e division blindée (2e DB) du général Leclerc, qui venait de libérer Paris. Or, on pourrait dire que l'image est néanmoins le résultat d'une « production » : d'une certaine manière, elle a été construite. Comme l'a souligné l'historien Olivier Wieviorka[2], les archives nous montrent que, lorsque les généraux américains et britanniques ont échangé avec le commandement français sur le rôle de la France dans la Libération, ils ont fini par accepter que les troupes françaises se trouvent parmi les premières unités à entrer dans Paris, mais à condition que cette unité soit intégralement composée de soldats blancs. Cela posait au général de Gaulle un grand problème, car, comme souligné par le général britannique Morgan, presque toutes les divisions françaises n'étaient « blanches qu'à 40 % »[3]. Finalement, la décision a été prise de déployer la 2e division blindée, par la suite devenue légendaire. Dirigée par le général Leclerc – et stationnée au Maroc avec ses chars Sherman –, il s'agissait de la « seule division française qui pouvait être rendue 100 % blanche »[4] en laissant sur place 25 % de ses soldats non blancs. Cette division française qui est finalement

---

[2] Olivier Wieviorka, *Histoire du débarquement en Normandie. Des origines à la libération de Paris (1941-1944)*, Seuil, p. 363-366, 2007.
[3] *Ibid.*, p. 365.
[4] Mike Thomson, « Paris liberation made "whites only" », BBC Radio 4, 2009 : http://news.bbc.co.uk/2/hi/europe/7984436.stm

entrée dans Paris à l'été 1944 était donc 100 % « blanche », mais n'était pas 100 % « française » (quoi que cela veuille dire) : ainsi, de nombreux combattants espagnols et portugais blancs ont comblé la pénurie de soldats blancs au sein des rangs. Cela peut paraître anecdotique, mais ne l'est pas. Parce que cette idée d'une libération « blanche » de la France, qui a été construite et communiquée par le biais d'images comme celle-ci, a eu de réelles conséquences sur la vie de millions de personnes. Des conséquences qui perdurent. De nombreux vétérans originaires des colonies n'ont pas eu droit à une pension complète de l'armée française ; ils ont simplement été dépouillés de leurs uniformes, renvoyés chez eux et oubliés. Le rôle des Africains et plus généralement des personnes non blanches dans la libération de l'Europe a été largement minoré, ce qui a également contribué en partie à soutenir la continuité du colonialisme, des politiques ségrégationnistes aux États-Unis et, bien entendu, du racisme en France. Je ne peux m'empêcher de me demander : si les Européens avaient été plus conscients du rôle essentiel joué par les populations issues des colonies dans leur libération du nazisme, auraient-ils toléré que soit maintenu un régime colonial brutal à l'encontre des populations qui les ont aidés ?

Les images sont toujours politisées ; elles racontent une histoire, transmettent des messages et jouent un rôle dans la documentation et la compréhension des événements. De la même manière que l'image de la libération de Paris aurait contribué à ce que le colonialisme perdure, les images de « nature sauvage », fabriquées depuis la colonisation du continent africain, ont également joué un rôle lors des attaques violentes du 10 juin, quand les forces de police tanzaniennes ont tiré sur des Massaï qui protestaient contre leur expulsion de leur terre ancestrale.

Depuis des années, le gouvernement tanzanien tente de s'emparer de 1 500 km² de terres ancestrales massaï afin de les utiliser pour la chasse aux trophées, le tourisme d'élite et la conservation. Derrière ces tentatives, on trouve toujours l'Otterlo Business Corporation (OBC), des Émirats arabes unis (EAU) – qui organise des excursions de chasse pour la famille royale des EAU et ses invités et qui détiendrait le contrôle de la chasse commerciale dans la région. Mais les membres de la famille royale des Émirats arabes unis ne sont pas les seuls à s'intéresser à cette zone. Les conservationnistes qui travaillent en Tanzanie, comme la Société zoologique de Francfort (FZS), basée en Allemagne, considèrent la population locale et son bétail comme l'une des principales menaces à la survie de l'écosystème, promouvant ainsi le mythe d'une « nature sauvage » dénuée de population.

Tout aussi dangereux pour les Massaï sont les touristes, qui sont nourris d'images véhiculées par les médias, les documentaires et les manuels scolaires, vendant l'idée d'une « nature sans humains », et qui s'attendent à ne trouver que des animaux sauvages lors de leurs safaris : « Le gouvernement tanzanien ne veut pas des Massaï parce que les gens qui viennent ici ne veulent pas voir les Massaï. Avant, nous ne pensions pas trop (ou pas trop en mal) au tourisme, mais maintenant nous comprenons que le tourisme, c'est des gens qui viennent avec de l'argent, ce qui pousse le gouvernement à penser "Si nous déplacions les Massaï, davantage de gens viendraient ici avec de l'argent." »

En réalité, la plupart d'entre nous imaginent la nature comme un espace vide. Un espace sauvage. Un espace non humain. Mais ces images ont une histoire, une raison d'être, et contribuent à perpétuer des politiques racistes en matière de protection de l'environnement, des politiques qui servent aussi à protéger les intérêts économiques des élites occidentales. Dès leurs premières conquêtes, les empires coloniaux ont souvent considéré les terres habitées par les peuples autochtones comme étant vides : elles pouvaient donc être accaparées et placées sous contrôle occidental. Lorsqu'il était impossible d'ignorer l'existence des populations locales, celles-ci étaient considérées comme une « nuisance » qu'il fallait gérer pour laisser place à ceux qui étaient considérés comme les seuls experts : les colonisateurs et leurs connaissances « scientifiques ». Nos imaginaires au sujet de la forêt congolaise ou des habitats des tigres en Inde sont façonnés par cet héritage colonial qui invisibilise le rôle de millions d'hommes et de femmes autochtones qui ont vécu (et vivent encore) sur ces territoires et en ont pris soin. Par conséquent, si cette « nature » est supposée être vide, nous n'avons rien d'autre à faire pour la protéger que de la maintenir ainsi, dénuée de toute présence humaine, appréciable uniquement par les quelques personnes qui peuvent payer pour y entrer. Tout cela sans devoir vraiment aborder les réelles causes de la destruction de l'environnement : l'exploitation des ressources naturelles à des fins lucratives et la surconsommation croissante, poussées par les pays du Nord. Véhiculer cette vision de la « nature » vide de toute présence humaine permet finalement de ne modifier en aucun cas notre façon de vivre. Voilà ce qui constitue aujourd'hui, pour les populations locales et autochtones du Sud du monde, ce que nous appelons la « protection de la nature ».

C'est pourquoi, pour les peuples autochtones et ceux qui connaissent l'histoire de la conservation, ce qui s'est passé à Loliondo n'est pas vraiment une surprise. Au contraire, cela révèle le vrai visage de la conservation de la nature : des violations quotidiennes des droits humains des peuples autochtones et des communautés locales afin que des touristes fortunés puissent chasser ou faire des safaris dans des zones dédiées exclusivement à la conservation de la nature, les « aires protégées »[5]. Ces abus sont systémiques et font partie intégrante du modèle de conservation, raciste et colonialiste, dominant en Afrique et en Asie, qui est basé sur le vol de terres de personnes considérées comme « primitives » ou « inférieures » au nom de la protection de la nature : c'est le colonialisme vert.

Aujourd'hui, la conservation est aussi une industrie dans laquelle les grandes ONG de protection de la nature concluent souvent des « partenariats », c'est-à-dire acceptent de l'argent de grandes entreprises qui polluent, et transforment la nature en un « objet » consommable, principalement par des Blancs et des riches. La « conservation » fait partie d'un processus de marchandisation de la nature dans laquelle elle est « valorisée », commercialisée et mise à profit, tout cela avec l'excuse de vouloir la « protéger » : c'est le capitalisme vert.

Le colonialisme vert et le capitalisme vert sont les deux faces d'une même pièce, et ils ont besoin l'un de l'autre pour continuer à exercer leur emprise. Ils participent au même assaut

---

[5] Le terme d'« aires protégées » sera utilisé dans cet ouvrage pour désigner les zones ainsi définies par l'Union internationale pour la conservation de la nature ; il ne recouvre pas tous les espaces protégés dans le monde (dont il existe différents types), mais bien des espaces géographiques désignés spécifiquement sous le terme d'« aires protégées » dont l'objectif est de conserver la nature, souvent selon un modèle appelé « conservation-forteresse », particulièrement répandu en Afrique et en Asie.

contre la diversité humaine et la biodiversité, mais leurs masques « verts » les tiennent à l'écart des suspicions. Comme j'espère le montrer dans ce livre, l'interdépendance entre notre système économique et son impact sur la nature et les personnes qui l'habitent rend impossible le fait de séparer les problèmes écologiques/environnementaux des questions plus larges de justice sociale : nous ne pouvons donc pas séparer les questionnements sur la protection de la nature des questions politiques plus larges. En fin de compte, lorsque nous parlons de conservation de la nature, ce qui est réellement en jeu, c'est le sens que revêt la nature et pour qui. Qui est en mesure de décider ce qu'est la nature ? Qui la possède ? Où devons-nous réellement regarder pour la protéger et de qui doit-on la protéger ?

Ce livre tente de répondre à ces questions, et à d'autres encore, en analysant certaines des images et des stéréotypes les plus célèbres que nous associons à la « nature » : du safari fantasmé dans la savane tanzanienne à la guerre contre les « "braconniers" d'éléphants » dans la forêt du Congo, de la « nature sauvage » américaine (*wilderness* en anglais) aux tigres du *Livre de la jungle* en Inde, ces images nourrissent et reproduisent cette mythologie que nous appelons « conservation ». Malgré ses prétentions scientifiques, notre conservation, comme je vais le montrer, est basée sur une série de mythes et d'idées reçues. J'essaierai de les déconstruire en racontant les histoires du point de vue de ceux qui vivent dans nos « images », dans ces paysages dont nous rêvons et que nous appelons « nature ». Car là où nous voyons de la « nature », d'autres voient leur maison. D'autres qui en ont pris soin et l'ont façonnée depuis des générations. D'autres pour qui la nature et les humains ne sont pas séparés, mais font partie d'un même ensemble. Ce que nous qualifions de « nature » est la base de leur mode de vie, le lieu de leurs ancêtres, le pourvoyeur de la plupart des choses qui leur permettent de vivre. Si nous essayons vraiment, alors peut-être arriverons-nous à déchirer ensemble nos images de cartes postales et à voir émerger, derrière elles, une autre vérité : les peuples autochtones sont les meilleurs défenseurs de l'environnement. Ce n'est pas par hasard si leurs territoires abritent 80 % de la biodiversité mondiale.

Maintenant que les crises environnementales et climatiques se situent en tête de nos préoccupations, nous ne pouvons plus fermer les yeux sur les violations des droits humains commises au nom de la protection de la nature. Ce modèle de conservation est profondément inhumain et inefficace, et il doit être changé rapidement. Les aires protégées ne parviennent pas à sauver la biodiversité et aliènent les populations locales, qui sont pourtant les mieux placées pour prendre soin de leurs terres et de tous les êtres vivants qui les peuplent. Il est donc essentiel de réfléchir à notre manière de « protéger la nature » et, pour cela, il va falloir tout d'abord être iconoclaste : détruire les images que nous nous sommes créées de la « nature » et des « autres ». Dans la démystification de nos imaginaires se cache la possibilité de construire de nouvelles images, plus justes, et d'envisager différemment notre avenir. Pour les peuples autochtones, la nature et toute l'humanité.

Le premier mythe

La nature sauvage

Il faut l'admettre : la formule est parfaite. La réalisation à l'américaine est réglée au millimètre. Présentée ainsi, la nature peut être véritablement fascinante. La musique est monumentale. Les paysages sont d'une beauté à couper le souffle. Une scénographie extraordinaire permet aux animaux et aux plantes d'apparaître dans toute leur majesté. Pas un être humain en vue. La voix de Barack Obama, ancien président des États-Unis et icône progressiste, résonne depuis les plages les plus pures d'Hawaï, tel Saint-Pierre lui-même nous parlant du ciel. Il évoque les merveilles de notre monde, ce qu'il appelle la « nature sauvage » (*wilderness*), la nature intacte. Cela ressemble à un rêve. Un beau rêve auquel nous voulons vraiment croire.

Born in the U.S.A.

Dans le nouveau documentaire de Netflix, *Parcs nationaux : ces merveilles du monde*, la nature est le protagoniste. Bien sûr, comme dans les meilleurs films hollywoodiens, ici aussi des menaces planent sur les personnages principaux : des menaces qui semblent venir d'un monde lointain, des menaces abstraites qui n'ont rien à voir avec nous. Notre rêve est mis en danger, semble-t-il, par des « activités humaines » génériques, la « pollution » ou le « changement climatique » : des forces négatives dont la source n'est jamais révélée. Mais Barack Obama nous rassure : s'il est vrai que la nature est en danger, il est cependant encore temps de la sauver. C'est ce que nous recherchons tous : une formule magique pour sauver la planète. Obama n'a pas à l'inventer car, nous dit-il, ses compatriotes l'ont déjà fait il y a longtemps : le parc national de Yellowstone, créé en 1872, est « l'une des idées américaines du siècle[6]. Établi pour le bénéfice et la jouissance du peuple. » Une idée qui a fini par « prendre de l'ampleur, déclenchant un mouvement mondial ». L'ancien président nous embarque alors pour un voyage sur différents continents, dans lequel il nous fait visiter plusieurs de ces parcs nationaux dont la mission est de protéger la « nature sauvage ».

Nous y voilà donc. Nous apprenons que nous pouvons sauver la « nature sauvage » et nous sauver nous-mêmes en créant davantage de parcs naturels et d'autres aires protégées où la nature, enfin intacte et libérée de nous, les humains, peut vivre et revivre. Cette idée semble presque parfaite. Presque.

Dans une scène qui se déroule dans le parc national de Patagonie, dans le sud du Chili, Obama déclare une chose déconcertante : « Cela peut ressembler à une région sauvage, mais, jusqu'à récemment, elle était utilisée pour faire paître des moutons. Aujourd'hui, le bétail a été retiré, la faune est protégée et la terre commence à retrouver son équilibre naturel. »

Attendez. Auparavant, ces belles vallées, ces lacs et ces montagnes étaient donc habités ? Par qui ? Et quel rôle ces personnes ont-elles joué dans le maintien de cet écosystème ? Si des personnes y vivaient, alors quel en est le véritable « équilibre natu-

---

[6] L'écrivain et historien américain Wallace Stegner a qualifié en 1983 les parcs nationaux des États-Unis comme la « meilleure idée que nous ayons jamais eue. Absolument américains, absolument démocratiques, ils nous montrent sous notre meilleur jour plutôt que sous le pire. » Plus tard, en 2009, le cinéaste – et garde forestier honoraire des parcs nationaux – Ken Burns a raconté l'histoire des parcs nationaux américains dans un film intitulé *The National Parks : America's Best Idea*.

rel » ? Et à qui revient-il de le déterminer ? Une brève recherche sur Internet suggère que la terre maintenant appelée « parc » a été achetée par une famille de milliardaires, les Tompkins (Doug Tompkins est le fondateur de The North Face et cofondateur d'Esprit), dans un but de « conservation », puis offerte sous la forme d'une donation à l'État du Chili en 2010 pour en faire un parc. Mais est-ce donc aux Tompkins de décider ce qu'est la « nature » ? Et que s'est-il passé avec les bergers et leurs moutons ? Où sont-ils allés ?

Alors qu'Obama lançait son documentaire sur les parcs naturels, qui a obtenu le soutien de la Wildlife Conservation Society (une ONG américaine, connue pour avoir créé le zoo du Bronx, qui apparaîtra plusieurs fois dans ce livre), j'étais au Kenya pour enquêter sur les violations des droits humains commises au nom de la conservation de la nature. Le rêve de nature vierge et de parcs d'Obama était également devenu un cauchemar pour de nombreux éleveurs pastoraux qui vivaient depuis des générations sur les terres semi-arides du nord du Kenya : les zones de conservation ne leur laissaient plus de place pour le pâturage de subsistance. Cette même réalité, je l'ai constatée à plusieurs reprises dans le bassin du Congo, en Inde, en Tanzanie. Des éleveurs pastoraux, des agriculteurs, des chasseurs-cueilleurs – des peuples autochtones du monde entier –, me répètent la même chose : « Depuis que la conservation est arrivée, notre mode de vie est interdit, mais la forêt aussi y a perdu ; les animaux ont décliné ; les arbres aussi. Nous sommes les vrais conservationnistes. »[7]

---

[7] Membre du peuple baka, chasseurs-cueilleurs du bassin du Congo.

Face à tant de voix unanimes, pourtant séparées par des milliers de kilomètres, les mots de mon collègue kenyan, Mordecai Ogada (lui-même conservationniste), résonnent comme une sentence. « Votre conservation est une mythologie. Elle est basée sur des croyances, pas sur des faits réels. Elle n'a rien à voir avec la science. » Pour illustrer cela, il me raconte que, en tant que jeune chercheur, il n'avait pas pu obtenir de bourse pour ses recherches scientifiques sur les hyènes parce que le film de Disney *Le Roi lion* venait de sortir : ces animaux sauvages étant représentés comme les méchants, personne n'était convaincu de leur importance au sein de l'écosystème et donc du mérite de les étudier.

Les mythes sont bien sûr des croyances, des représentations imaginaires. Mais pas seulement. Le mythe, d'après le sémiologue français Roland Barthes, est surtout un outil de l'idéologie ; un système de communication, un langage qui prend le dessus sur une réalité historique (construite) et la fait paraître comme étant « naturelle », « normale » et donc acceptée comme « universelle » et « éternelle » :

> Ce que le monde fournit au mythe, c'est un réel historique [...] Ce que le mythe restitue [...] c'est une image naturelle de ce réel [...] En passant de l'histoire à la nature, le mythe fait une économie : il abolit la complexité des actes humains, leur donne la simplicité des essences [...] il organise un monde sans contradictions parce que sans profondeur, un monde étalé dans l'évidence [...].[8]

À ce moment-là, je pense à toutes les images de nature auxquelles j'ai été exposée au cours de ma vie – les documentaires

---

[8] Ronald Barthes, « Le mythe, aujourd'hui », *Mythologies*, Seuil, 2010, p. 240.

du *National Geographic*, les programmes télé, le panda du WWF, les ours en peluche, les baleines de Greenpeace, les films de Disney (*Le Roi lion* ou *Le Livre de la jungle*), les parcs naturels que j'ai visités : toutes ces images sont-elles des morceaux du même mythe ? Quelle idéologie ce mythe a-t-il servie et continue-t-il de servir ? Et, plus important encore, ces images, ces simples représentations, peuvent-elles être responsables des problèmes dont me parlent les éleveurs pastoraux kenyans et tant d'autres peuples autochtones ?

Pour répondre à ces questions, il faut remonter aux origines du mythe. Car, si l'on s'engage dans cette voie et que l'on considère la conservation de la nature comme un ensemble de mythes, le mythe fondateur par excellence serait celui de la « *wilderness* », la « nature sauvage » : c'est à partir de ce concept, puis de celui de parc naturel, que s'est développé le mouvement conservationniste tel que nous le connaissons, avec ses réseaux d'aires protégées qui couvrent aujourd'hui presque 17 % de la surface terrestre.

La nature est-elle vraiment sauvage ?

L'ancien président Obama nous parle de Yellowstone, le premier parc national du monde : « deux millions d'acres d'espace sauvage dans les montagnes Rocheuses ». Mais une étude plus approfondie de la région remet en question cette idée de « sauvage ».

Nous savons aujourd'hui que les premiers parcs nationaux américains, tels que Yosemite (déclaré aire protégée en 1864, puis parc national en 1890), Yellowstone (1872) et Glacier (1910), ont été créés sur des terres habitées par des peuples autochtones nord-américains, qui ensuite ont été forcés à les quitter (et à vivre dans la pauvreté). Pendant des générations, sur ces mêmes terres, les Shoshones, les Bannocks, les Crows, les Miwoks et de nombreux autres peuples autochtones ont chassé, pêché, cueilli des plantes, les ont entretenues, ont pratiqué des rituels et utilisé les eaux thermales à des fins religieuses et médicinales (activités ensuite criminalisées et interdites par le parc). Ces peuples n'ont pas « seulement » vécu là-bas, mais ont, à travers ces pratiques, façonné leur environnement, participant ainsi à la richesse de la biodiversité. Alors pourquoi ces régions ont-elles été et sont-elles encore présentées comme « sauvages » (sous-entendu : vierges et entièrement dépourvues de présence humaine) ?

Pour comprendre cet aveuglement, il faut replacer les choses dans leur contexte. Nous sommes à la fin du XIXe siècle, au milieu de la deuxième révolution industrielle, qui entraîne une croissance de l'industrie et de la consommation de ressources. Sans quasiment jamais émettre une critique à l'égard de cette industrialisation, la crainte de voir détruit tout le paysage « naturel » est pourtant réelle pour beaucoup de gens à cette époque. Dans la même période paraît, en 1859, l'ouvrage de Darwin *On the Origin of Species* (*L'Origine des espèces*), qui a donné lieu au développement de théories sociales basées sur les concepts « biologiques » de « race », de sélection naturelle et de survie du plus apte : à la fin du siècle, ces idées seront largement reprises sous le nom de « racisme scientifique ». Pour faire simple : les Européens, leurs descendants et leur science sont considérés (principalement par eux-mêmes) comme le sommet de la civilisation, tandis que le reste du monde est vu comme plus ou moins « primitif » et « arriéré ».

Revenons aux « pères fondateurs » de la pensée conservationniste qui a conduit à la création de ces premiers parcs aux États-Unis, par exemple John Muir (fondateur du Sierra Club et acteur clé du lobbying en faveur des parcs). Nous pouvons constater qu'ils étaient imprégnés de racisme, et pensaient que les peuples autochtones vivant dans ces lieux depuis des générations ne jouaient aucun rôle dans la préservation de l'environnement et n'avaient aucun droit d'y rester : elles étaient « paresseuses », « sales », « non civilisées » et devaient donc être expulsées pour faire place à des zones de conservation dépourvues de toute présence humaine (hormis celle de personnes comme John Muir, bien entendu !). Ils étaient par ailleurs réellement convaincus que ces espaces naturels étaient à l'origine vides et que les peuples autochtones qu'ils pouvaient y voir de temps à autre empiétaient sur ces territoires : n'exploitant pas les ressources jusqu'à épuisement et n'ayant donc pas un impact destructeur sur l'environnement, les signes de « l'intervention » des Autochtones sur la nature étaient invisibles aux colons. Enfin, dans certains endroits comme le Yosemite, le « vide » n'était que la conséquence de la guerre violente contre les peuples autochtones : en 1851, ils avaient été forcés à partir par des soldats convoitant leurs terres.

La religion a également joué un rôle important dans cette vision de la « nature sauvage ». John Muir était le fils d'un prédicateur calviniste et caractérisa lui-même son ascension du pic Cathédrale du Yosemite comme « la première fois [qu'il se rendait] à l'église en Californie ». Nombre des premiers conservationnistes étaient (et sont encore) issus d'une branche de la religion protestante (le calvinisme) particulièrement attachée à l'idée que la nature est divine et les humains des pêcheurs[9]. Face à l'étonnante beauté des paysages américains, les nouveaux colons ne voyaient donc qu'une création de Dieu, une « nature sauvage » pure, qui pouvait être détruite par les habitants autochtones « primitifs » et dont il fallait la protéger. Remise dans son contexte, nous pouvons constater que la « *wilderness* » était donc plutôt une perception idéologique d'hommes religieux et racistes, et non pas une conceptualisation fidèle de la réalité.

Comme l'a déclaré Luther Standing Bear, un leader amérindien, « la nature n'est sauvage que pour l'homme blanc ». Les preuves scientifiques nous montrent aujourd'hui que les environnements « naturels » les plus célèbres du monde, comme le Yellowstone, l'Amazonie et le Serengeti, sont les terres ancestrales de millions d'Autochtones qui les ont façonnées, en ont été dépendants, les ont nourries et protégées pendant des millénaires. Nous savons aussi que 80 % de la biodiversité sur Terre se trouve en territoires autochtones, alors que ces derniers couvrent seulement 22 % de la surface terrestre. Et ce n'est pas un hasard. Si la plupart des peuples autochtones que j'ai rencontrés ne possèdent pas de mots comme « conservation » ou « aires protégées » dans leurs langues, ils ont néanmoins élaboré de complexes systèmes de connaissances et de « gestion » des ressources naturelles et des « tabous »[10], qui leur ont permis de prospérer dans des environnements qui peuvent nous sembler hostiles : des systèmes fondés sur

---

[9] Stephen Corry, « Killing conservation – the lethal cult of the empty wild », *Survival International*, 2017 : https://www.survivalinternational.org/articles/3456-killing-conservation-lethal-cult-of-the-empty-wild

[10] Des interdictions à caractère sacré dont la transgression engendrerait un châtiment. Par exemple, chez certains peuples autochtones du bassin du Congo, il est en général interdit de chasser certains animaux, de chasser à certains moments de l'année, de surchasser, etc.

la réciprocité, la soutenabilité, la responsabilité envers les générations futures et un lien spirituel avec la terre. Les peuples autochtones ne se considèrent pas comme séparés de la nature : ils considèrent souvent les animaux sauvages comme des membres de leur propre famille, et les humains et la nature comme formant un tout. Ne détruisant pas la nature, ils n'ont pas besoin de la « conserver ». Ils la protègent et en prennent soin par (et non malgré) leur façon de vivre et de faire les choses.

L'idée de « *wilderness* » dépeint la terre uniquement comme un espace « naturel » plutôt que comme des paysages et des écosystèmes où vivent et que gèrent des humains qui en représentent une partie fondamentale, invisibilisant ainsi le rôle des peuples autochtones dans le soin et la gestion de leurs propres territoires. Cette idée a permis aux colons blancs de s'approprier la terre et de définir ce qu'est la nature. Les terres étaient dépeintes comme vides, de sorte qu'elles pouvaient être prises. Cela ressemble à la fiction juridique de la *Terra Nullius*, que les envahisseurs britanniques utilisèrent pour justifier le vol des terres et la colonisation de l'Australie sous le motif fallacieux que la terre aurait été vide de toute population.

Mais la « nature sauvage » conçue par les Américains à la fin du XIXe siècle est aussi un concept ambigu par lequel on a tenté, et tente encore, de définir la nature en vertu de valeurs esthétiques et utilitaires, du point de vue de gens qui ne dépendent pas directement de la terre pour vivre : une chose dont nous pouvons profiter, que nous pouvons observer et mesurer, mais avec laquelle nous ne sommes pas prêts à vivre complètement. Paradoxalement, la « nature sauvage » n'existe, d'une certaine manière, que si nous pouvons la voir, l'étudier et la consumer. Elle n'existe donc que si elle n'est *pas* sauvage.

Si l'on se réfère au documentaire de Barack Obama, on remarque que l'unique présence humaine tolérée et célébrée par l'ex-président dans les parcs est celle des touristes, qui peuvent « apporter des centaines de millions de dollars à l'économie locale ». Aussi contradictoire que cela puisse paraître, le concept de « parc récréatif » représente également une partie essentielle de « l'idée américaine du siècle ». Bien qu'ayant pour objectif manifeste de protéger la « nature sauvage », la plupart des premiers parcs naturels des États-Unis se sont ouverts au tourisme de masse, ce qui a eu un impact non négligeable sur l'espace naturel. Dans le cas de Yosemite, par exemple, l'activiste britannique Stephen Corry précise :

> [...] plus de mille kilomètres de routes et de sentiers de randonnée, souvent bondés, furent construits après la création du parc ; des arbres furent abattus pour créer des points de vue ; l'équilibre des espèces fut modifié par l'élimination des prédateurs animaux et humains ; des truites furent introduites pour ravir les pêcheurs à la ligne ; un hôtel de luxe fut construit ; des aires d'alimentation furent aménagées pour les ours afin d'enthousiasmer les visiteurs, ce qui conditionna les animaux à fouiller dans la nourriture humaine. Enfin, pendant un siècle, les hôteliers fabriquèrent une « cascade de feu », dans laquelle des braises ardentes étaient poussées de Glacier Point pour tomber en cascade à des milliers de mètres dans la vallée (les cicatrices restent visibles près de cinquante ans après son arrêt)[11].

Les idées de John Muir et d'autres conservationnistes sur la « nature sauvage » furent à l'époque largement acceptées et se

---

[11] Stephen Corry, « The Colonial Origins of Conservation: The Disturbing History Behind US National Parks », *Truthout*, 2015 : https://truthout.org/articles/the-colonial-origins-of-conservation-the-disturbing-history-behind-us-national-parks/

répandirent rapidement, en partie grâce au fait qu'elles furent adoptées par Theodore Roosevelt, président des États-Unis de 1901 à 1909. Durant sa présidence, il créa 150 forêts nationales, 51 réserves fédérales d'oiseaux, quatre réserves nationales de gibier, cinq parcs nationaux et 18 monuments nationaux sur plus de 230 millions d'hectares de terres publiques, sans aucune considération pour les peuples autochtones qui y vivaient. Bien qu'il ait été un féroce chasseur, il est encore célébré comme « l'une des voix les plus puissantes de l'histoire de la conservation américaine »[12]. Le célèbre « ours Teddy » aurait été baptisé en son honneur – une macabre célébration de la décision du président de ne pas tirer sur un ours attaché à un arbre pendant sa partie de chasse, car il considérait cela comme antisportif. Roosevelt n'était pas seulement un chasseur, mais, comme beaucoup de ses pairs, entretenait des préjugés racistes sur les Autochtones et autres personnes non blanches.

À l'époque, son point de vue concernant la protection de la nature et des espaces sauvages n'eut pas seulement un impact sur les débats concernant la conservation aux États-Unis. Je pense que Roosevelt personnifie parfaitement le lien qui existe entre la création des parcs nationaux aux États-Unis, la propagation d'une idée « blanche » de la nature et la conservation de la faune africaine. En 1909, il dirigea l'expédition « Smithsonian-Roosevelt » en Afrique, dont le but était de collecter des spécimens pour le nouveau musée d'Histoire naturelle du Smithsonian (aujourd'hui connu sous le nom de Musée national d'Histoire naturelle des États-

---

[12] « The Conservation Legacy of Theodore Roosevelt », *Blog, U.S Department of Interior*, 2020 : https://www.doi.gov/blog/conservation-legacy-theodore-roosevelt

Unis). « Teddy » et son équipage remplirent parfaitement leur mission : l'expédition collecta (tua) environ 11 400 spécimens d'animaux[13]. Comme nous le verrons dans d'autres parties de ce livre, selon la mythologie de la conservation, chasser des animaux à des fins « scientifiques » ou « sportives » a toujours été considéré non seulement comme moralement acceptable, mais également comme un acte nécessaire à la préservation de la vie sauvage. En revanche, les populations autochtones et locales qui font de même pour nourrir leurs familles sont accusées de « braconnage » et de « chasse excessive ». Ce comportement apparemment contradictoire envers la chasse est une constante dans l'histoire de la conservation.

Ce n'est cependant pas la raison pour laquelle le voyage de Teddy fut si important dans l'histoire de la conservation. Son voyage pourrait être dépeint comme une sorte de « téléréalité » (même à l'époque où Netflix n'existait pas !). Le safari[14] de l'ancien président devint un sujet populaire dans la presse, suscitant la fascination de milliers de lecteurs qui suivaient les rapports réguliers sur son voyage[15]. Il fut en partie accompagné du célèbre photographe britannique Cherry Kearton, spécialiste des animaux sauvages, qui sortit par la suite un film intitulé *Roosevelt in*

---

[13] *Roosevelt African Expedition Collects for SI*, Smithsonian Institution Archive : https://siarchives.si.edu/collections/siris_sic_193
[14] En anglais, attesté à partir de 1860 en tant que mot étranger, le mot « safari » indiquait au XIXe siècle une « expédition de plusieurs jours ou semaines dans un pays d'Afrique de l'Est », notamment pour la chasse ; du swahili, « voyage, expédition », de l'arabe, littéralement « faisant référence à un voyage ».
[15] « Theodore Roosevelt's Africa Expedition: Topics in Chronicling America », Library of Congress : https://guides.loc.gov/chronicling-america-theodore-roosevelt-expedition/selected-articles

Africa (*Roosevelt en Afrique*). De même, Roosevelt, une fois rentré chez lui, publia son propre récit de ce voyage dans son livre *African Game Trails* (ce qui veut dire « Sentiers de chasse africains »). Roosevelt ne fut certainement pas le premier homme blanc à vivre sa propre « aventure » en Afrique et à la raconter au monde entier. Néanmoins, les nombreux récits qui ont accompagné son voyage jouèrent un rôle important dans la formation de l'imaginaire des Américains et de nombreux Européens concernant la « nature sauvage » africaine et le rôle central des Blancs dans sa « protection ». On retrouve chez Roosevelt tous les messages les plus contradictoires et les plus puissants de la mythologie de la conservation : l'idée de l'Afrique comme destination d'aventure (« le terrain de jeu le plus attrayant du monde »), les peurs et les dangers liés à la jungle africaine, la beauté extraordinaire de la vie sauvage, la mélancolie liée au risque de la perdre bientôt à cause de la croissance de la population (africaine) et du braconnage (par les Africains). Mais on y retrouve également – et sans y voir la moindre contradiction – la glorification de la chasse (par les Blancs), la célébration de l'Empire britannique et des colons blancs, ainsi que l'appel aux « capitalistes » à faire de l'Afrique de l'Est un « pays d'hommes blancs ». L'ancien président « oublia » bien entendu de mentionner le rôle actif de la population locale dans la gestion et la protection des magnifiques faune et flore africaines, ainsi que son droit à la terre : elle n'apparaît dans les récits que pour le « servir ». Dans une scène particulièrement choquante du film de Kearton, on voit le colonel Roosevelt vouloir traverser une rivière. Dès qu'il arrive sur la rive, un homme africain, sans même demander (car il sait déjà ce qu'il doit faire), s'agenouille devant lui pour que le colonel puisse monter sur ses épaules et traverser la rivière en utilisant l'homme comme véhicule. Juste après, des dizaines de Noirs (y compris des enfants) traversent derrière Roosevelt en portant ses bagages[16]. Comme l'a écrit Mordecai Ogada :

> Les défenseurs de la nature célèbrent même le centenaire du massacre qu'il a perpétré sur la faune kenyane, y voyant en quelque sorte l'inspiration de leur travail de conservation. Ce massacre a été méticuleusement documenté par des photographies et des journaux, mais les Africains ont brillé par leur absence dans ce récit. Les photos montrent des centaines de porteurs noirs transportant de lourdes charges à pied, tandis que Roosevelt et ses compagnons blancs montaient à cheval [...] Ses journaux détaillés relatant son interaction directe et sanguinaire avec la faune africaine, sans « interférence » des populations autochtones, ont contribué à faire naître le mythe d'une « nature sauvage » africaine sans entrave, dénuée de toute présence ou influence humaine[17].

Vous vous dites : qu'y a-t-il de si extraordinaire qu'un homme blanc, à l'aube du XXe siècle, ait été raciste ? Mais, voyez-vous, ce racisme constitue précisément une partie essentielle de la fondation du mouvement conservationniste. En effet, le concept même de « nature sauvage » situé à la base de cette idée de conservation est raciste. Pire encore, ce passé n'a jamais été remis en question et a continué à se reproduire comme une vérité scientifique dans les années suivant le voyage de Roosevelt. Entre le documentaire d'Obama et les chroniques de Roosevelt, cent treize ans se sont écoulés, et pourtant leurs visions de la nature et des

---

[16] *Theodore Roosevelt in Africa*, Library of Congress, 1909 : https://www.youtube.com/watch?v=IJ_QeeHHEZw&ab_channel=LibraryofCongress
[17] Mordecai Ogada, « Conservation: What Do John Muir's Writings and Thoughts Mean Today? », *The Elephant*, 2021 : https://www.theelephant.info/long-reads/2021/11/27/what-do-john-muirs-writings-and-thoughts-mean-today/

populations locales dont cette nature constitue le foyer diffèrent à peine. L'histoire est toujours celle d'hommes puissants partageant leur passion pour la « nature sauvage » avec le monde et s'arrogeant le droit de nous montrer et de décider ce qu'est la nature, ce qui mérite d'être tué, ce qui mérite d'être sauvé, par qui et de qui. Tous aiment la « nature », mais aucun d'entre eux ne semble s'inquiéter de la société colonialiste ou industrielle, dont ils font partie, qui est à l'origine de la destruction de l'environnement. Au contraire. Alors que Roosevelt l'encourage, Obama la mentionne à peine et le fait de manière tellement superficielle et générique qu'il finit par l'invisibiliser[18]. La « nature » semble être une chose abstraite pouvant être définie par nous, dans le « Nord global », ainsi que par nos souhaits et nos désirs (chasser, visiter, étudier). Dans un voyage comme dans l'autre, les animaux et les plantes sont les protagonistes, tandis que les populations locales et leurs besoins sont invisibilisés, criminalisés ou mal représentés. Et pour ce faire, nous allons jusqu'à l'absurde : dans une partie du documentaire Netflix, Obama nous dit « qu'un quart de tous nos médicaments proviennent de la forêt tropicale ». Ce que cette phrase ne nous dit pas, c'est qui a découvert les propriétés médicinales des plantes de la forêt. Ajouter « les peuples autochtones » aurait réduit à néant le postulat du film : la nature est naturellement vide.

À la fin du documentaire, pour montrer le succès de « l'idée américaine du siècle », Obama déclare qu'il existe un quart

---

[18] Par exemple, il accuse une « activité humaine » générique d'avoir endommagé les océans et, concernant le changement climatique, il soutient que « en partie [le changement climatique est] le résultat des choix que nous faisons tous dans notre vie quotidienne ».

de million d'aires protégées dans le monde. Mais, si la nature sauvage est un mythe et que la plupart des zones riches en biodiversité sont habitées par des populations autochtones et locales, alors qu'est-il arrivé à ces dernières quand les aires protégées ont été créées ? Où sont-elles allées ? Et qui les a expulsées ?

En étudiant la création des premiers parcs nationaux américains et leurs pionniers, nous pouvons déjà voir tous les éléments qui nourriront par la suite la mythologie de la conservation : 1) la nature est « sauvage » et, pour la protéger, nous devons la conserver ainsi, accessible uniquement aux élites pour leur plaisir (tourisme, science ou chasse) ; 2) les peuples autochtones sont primitifs et finiront par détruire leur propre environnement ; 3) les Blancs et leur science savent mieux que quiconque comment protéger la nature ; 4) on peut protéger la « nature » sans s'attaquer à la racine du problème : l'exploitation, à des fins lucratives, des ressources naturelles sur lesquelles repose notre mode de vie. « L'idée américaine du siècle » était un rêve d'hommes blancs, et elle allait très vite devenir un cauchemar pour le reste du monde.

Le deuxième mythe

Les primitifs

« Mon mari n'était pas un braconnier. » La femme baka ne parle pas beaucoup, mais ça, elle le dit. Il fait chaud dans le nord du Congo, l'air est lourd, on a l'impression qu'il va pleuvoir. Nous sommes dans la forêt de Messok Dja, un triangle d'une extraordinaire biodiversité encerclée par des sociétés d'exploitation forestière qui abattent au bulldozer les arbres ancestraux des chasseurs-cueilleurs baka et de leurs voisins agriculteurs, les Bakwele, qui vivent dans la région depuis des générations.

Il me semble qu'on est alors en 2019. Dans le but de sauver les nombreux gorilles et éléphants vivant dans la région, le Fonds mondial pour la nature (WWF) fait pression depuis des années sur le gouvernement congolais pour créer une aire protégée. Une fois le parc créé, toute activité humaine (même de subsistance) y sera interdite. Mais apparemment cela ne pose aucun problème à qui que ce soit puisque le WWF affirme que la forêt est intacte (ou *pristine* en anglais), c'est-à-dire que personne ne l'a touchée et qu'elle est vide (la « nature sauvage » pour résumer). Au moment où je me rends sur place pour enquêter sur cette affaire, la célèbre organisation de protection de la nature a réussi à obtenir pour son projet des financements de la Commission européenne, du Programme des Nations unies pour le développement (PNUD) et d'autres grandes institutions internationales. Bien que la création du parc n'ait pas encore été officialisée par le gouvernement, le WWF finance et cogère une base d'« écogardes » (gardes forestiers) dans la région afin de « lutter contre le braconnage » : en effet, la chasse illégale d'éléphants dans le but de vendre l'ivoire provenant de leurs défenses est un problème dans le bassin du Congo. Les écogardes sont officiellement employés par le gouvernement congolais, mais sont équipés et payés par le WWF : l'organisation internationale paye leurs salaires, leurs locaux, leurs voitures, leurs téléphones, leurs uniformes, etc. Qui pourrait penser que ce projet n'est pas une bonne chose ?

« Mon mari n'était pas un braconnier », répète cette femme au cours de l'une des interviews les plus difficiles que j'ai jamais eues à mener. La femme parle doucement, presque dans un murmure. Elle baisse la tête et ne me regarde jamais dans les yeux. J'ai l'impression qu'elle pourrait s'effondrer devant moi. Le nom de son mari était Komanda. Il a été emmené dans la nuit, il y a plusieurs mois, par des écogardes armés du WWF qui ont défoncé la porte d'une de ces petites maisons de boue et de feuillage où vivent les Baka. Puis, une fois libéré, il est mort. « Maintenant, j'ai mal partout », dit-elle. « Chaque fois que je dors, je rêve de lui. Quand il était en vie, il faisait tout pour moi. Maintenant, il est même difficile pour moi de trouver de la nourriture. »

Ils ont enterré Komanda dans le village où vit sa fille. Devant sa tombe, marquée par un simple monticule de terre, je continue à essayer de comprendre comment il est mort. Mais chaque fois que je pose la question, les Baka baissent tous les yeux en guise de réponse. Ils me disent qu'il a été battu par les écogardes du WWF et que, une fois en prison, il a également été battu par des prisonniers : après tout, me disent-ils, tout le monde, même ceux qui sont en prison, considère les Baka comme les « plus faibles ». Lorsque Komanda est sorti de prison, il était très malade, à tel point qu'il n'a pas pu retourner dans le village de sa femme à Messok Dja et a dû rester avec sa fille qui vit plus près de la ville (non loin de la prison).

En voyageant d'un côté à l'autre de Messok Dja pour enquêter sur la mort de Komanda, l'image de la forêt « intacte » vendue par le WWF s'effrite. De nombreux villages baka et bakwele témoignent de la permanence humaine dans la région. J'interroge des personnes et j'arrive à trouver deux autres Baka qui avaient été arrêtés avec Komanda cette nuit-là : Oko, qui est à l'hôpital en raison des mauvais traitements subis en prison, et Alombo.

Alombo ressemble à un fantôme. Il a le regard perdu et le visage de quelqu'un qui a vécu un cauchemar. Il a mal partout et me montre des traces de coups sur son corps : « Ils sont venus en jeeps, celles avec le logo du WWF. Il y en avait sept ou plus. Ils n'ont cessé de nous frapper avec des ceintures en nous disant que nous étions des "braconniers", que nous avions tué un éléphant et en nous demandant "Où sont les armes ?" Mais nous n'avions pas d'armes. "Puisque vous n'avez pas d'armes, nous allons maintenant vous emmener en prison", nous ont-ils dit. Ils m'ont demandé de signer quelque chose, mais je ne sais pas quoi, car je ne sais ni lire ni écrire. »

Oko me dit qu'il serait mort s'il n'était pas allé à l'hôpital et m'explique : « Les écogardes nous ont ordonné de dire que nous avions tué les éléphants pour qu'ils nous relâchent. Alors on a dit, "OK, on les a tués". Nous avons dit oui parce que nous avions peur de la chicote. » « Chicote » : c'est ainsi que les Baka décrivent l'outil avec lequel les écogardes les battent habituellement. Ce mot est dérivé du portugais *chicote*, un lourd fouet en cuir utilisé par les colonisateurs français et portugais à travers l'Afrique pour frapper la population locale.

Les trois Baka sont restés en prison pendant environ quatre mois et demi. Ils étaient affamés ; pour seule nourriture, ils recevaient une poignée de riz par jour. « À 15 heures », a précisé Alombo. Ce dernier détail m'a frappé. Habituellement, les chasseurs-cueilleurs n'indiquent pas les heures de manière aussi précise (il s'agit d'un système de comptage du temps qui leur a été imposé). Mais j'ai fini par comprendre : je ne peux qu'imaginer la faim (que je n'ai jamais connue), le désespoir, le désir de compter le temps qui s'écoule entre les repas, le besoin de savoir quand vous allez manger à nouveau. Même leurs femmes et leurs enfants à la maison étaient affamés. Traditionnellement, ce sont les hommes baka qui chassent. Les femmes sont chargées de la cueillette des plantes et des fruits (tels que les mangues sauvages) et de la pêche au barrage (un type de pêche qui consiste à créer de petits barrages dans les cours d'eau pour attraper les poissons). La forêt étant devenue interdite d'accès en raison du réseau d'aires protégées dans la région, de nombreux hommes baka doivent travailler pour leurs voisins bakwele dans les champs de cacao ou d'autres cultures pour se procurer de quoi manger. L'absence des hommes, ne serait-ce que pour quatre à cinq mois, met donc les familles en grande difficulté pour se nourrir.

Alombo poursuit : « En prison, c'était la catastrophe : les prisonniers nous frappaient, nous demandaient de nous allonger, puis nous battaient. Les autorités ont vu le mauvais état dans lequel nous étions et nous ont laissé sortir. » Lorsqu'ils sont sortis, la police ne les a même pas aidés à rentrer chez eux, alors que Komanda, très malade, respirait à peine. « Il respirait, mais il était déjà mort. » Les trois Baka ont dû se débrouiller seuls pour rentrer chez eux. Komanda est mort trois jours après avoir été libéré. Alombo en est sûr : « En fait, ils l'ont libéré pour qu'il meure au village et non en prison, pour se libérer de toute responsabilité. » Lorsque nous terminons les entretiens, j'insiste auprès de mon traducteur (et ami) baka : « Komanda est donc mort des coups infligés par les écogardes ? » Les détails sont importants lorsqu'on essaie de dénoncer les violations des droits humains. Il baisse la voix et me dit : « En prison, Komanda a été violé. La prison, c'est le viol pour les Baka. Il est mort de honte. »

Colonialisme : *A Love Story*

De nombreuses personnes seront choquées en lisant l'histoire de Komanda. Sur le moment, c'est également ce que j'ai ressenti : trois hommes autochtones accusés sans preuve de « braconnage », jetés en prison sans procès, torturés par des écogardes financés par une organisation internationale basée en Suisse, puis violés par d'autres prisonniers dans leur cellule. Mais, au fil des jours, assise par terre dans les villages baka, armée d'un carnet et d'un stylo, j'ai entendu des centaines d'histoires similaires : des gens arrêtés, battus, torturés, tués parce qu'ils étaient considérés comme des « braconniers ». J'avais l'impression (ou du moins je voulais le croire) que, pour les Baka, me parler et me regarder écrire faisait partie d'un exercice collectif de guérison d'un traumatisme. Ils pensaient peut-être que leurs histoires comptaient enfin pour quelqu'un. Que quelqu'un s'intéressait à leur douleur, voulait faire quelque chose pour eux. Que quelqu'un ne les voyait pas comme des « primitifs », mais des êtres humains. Au sujet des écogardes, les Baka disent : « Les animaux ont plus de valeur que nous. C'est pourquoi ils nous frappent. Ils voient les Baka comme des « animaux », pas comme des gens. Quand ils nous voient, ils ne voient que des « Pygmées », pensant que nous ne savons rien et qu'ils peuvent nous frapper quand ils veulent. »

Les Baka, et leurs voisins également chasseurs-cueilleurs dans le bassin du Congo, les Bayaka, les Batwa, les Mbuti et bien d'autres, connaissent cette histoire par cœur. Toujours victimes des préjugés, du racisme, de l'incompréhension et de la violence génocidaire de l'homme blanc (et des autres), ils sont parmi les peuples les plus vulnérables au monde. Placés par les colonisateurs européens dans la catégorie raciale des « Pygmées » (petits hommes), ils ont été dépouillés de leur forêt, qui a toujours été considérée comme « intacte » ou « sauvage » et donc à exploiter, coloniser ou « protéger ». Depuis l'expansion coloniale de la fin du XIXe et du début du XXe siècle, ils ont été décrits par les colonisateurs, les scientifiques et les missionnaires qui se sont aventurés sur leurs terres comme des « enfants », « la plus primitive des races », des « animaux », des « singes », des « sous-hommes », des « cannibales », « le chaînon manquant entre l'homme et le singe ».

Et une fois de plus, les Baka sont là. Toujours là.

La nuit arrive. Et la forêt se remplit du bruit assourdissant des insectes : qui a dit que la nature était silencieuse ? Les Baka m'ont permis de m'asseoir avec eux autour du feu et ont fait venir un expert en narration de *likano*, des histoires orales qui sont généralement racontées pendant les *molongo*, les longues expéditions dans la forêt que font les Baka pour chasser, cueillir des fruits, trouver leur précieux miel et enseigner aux enfants les secrets de leur extraordinaire maison-forêt. Cette forêt qui possède tout ce dont les Baka pourraient avoir besoin : « Notre forêt est une forêt qui a tout. Tout ce que les Baka recherchent : viande, fruits, miel, petites rivières. C'est pourquoi les Baka aiment cette forêt. »

Les *molongo* semblent être une grande fête, car, pendant qu'un homme raconte des *likano*, tous les autres Baka rient aux éclats : enfants, femmes, hommes. Je ne comprends pas un mot, mais mon traducteur est très occupé à rire aussi, alors je reste sans traduction. Au bout d'un moment, je suis désespérée : le *likano* semble durer des heures. Je regarde l'heure : il est une heure du matin. Nous avons commencé à 8 heures du soir. J'essaie de m'endormir là, autour du feu, mais une femme baka me réveille en secouant légèrement mes épaules et me dit : « Ne t'endors pas, on raconte le *likano* pour toi » (moi qui n'ai toujours pas de traduction). Les *likano* se terminent à 5 heures du matin et, pendant près de neuf heures, les Baka n'ont pas arrêté de rire (moi pas tellement). Ce rire autour des *likano* a cependant un arrière-goût amer. Une femme me dit : « Ils ne nous laissent plus entrer dans notre forêt. Les *molongo* ne sont plus possibles en raison des limites imposées par le WWF. S'ils nous trouvent là-bas, ils nous frappent. Les enfants ne peuvent plus recevoir d'apprentissage sur la forêt parce que la forêt n'est plus accessible. » Un homme, l'air fatigué et en colère, crie : « Les conservationnistes viennent imposer une dictature. C'est pire que la colonisation. S'ils veulent voir des éléphants, ils peuvent les regarder avec un satellite depuis l'Europe ! »

Nous y voilà. Nous et les éléphants : une autre grande image style Hollywood. Les éléphants sont en effet des êtres incroyables. Je me souviens de la première fois que j'en ai vu un dans la forêt. Il se baignait dans la boue, énorme, si parfait et sacré. Face aux histoires dévastatrices que j'ai entendues, je me suis demandé à plusieurs reprises si le pouvoir de nos images est si grand qu'il ne nous laisse pas voir la violence que nous infligeons aux autres pour les générer et les mettre en place. Mais cette violence sert-elle vraiment à protéger les animaux ? Les Baka sont-ils vraiment des « braconniers » ? Et comment en sommes-nous arrivés là : de la protection de l'éléphant à la violation des droits humains ?

Pourtant, les épithètes qu'utilisent les conservationnistes et leurs écogardes pour désigner les Autochtones (« animaux », « pygmées », « braconniers ») et leur forêt (sauvage) sont familières (et pas seulement pour les Baka). Et si la situation actuelle n'était pas nouvelle et qu'il s'agissait en réalité de la situation de départ, originelle ? Peut-être que rien n'a changé, mais que nous ne découvrons la réalité que maintenant ? Un voile rouge et sanglant s'abat sur la beauté époustouflante des luxuriantes forêts congolaises. Les quelques touristes qui décident de s'aventurer dans l'instabilité politique de la région et viennent visiter les nombreux parcs naturels des pays baignés par les eaux du fleuve Congo et ses affluents (par exemple au Cameroun, au Congo, en République démocratique du Congo) pour prendre des photos de gorilles ou d'éléphants ne le remarquent peut-être pas, mais des hommes armés en uniforme patrouillent ces forêts instagramables. Pour de nombreux peuples du bassin du Congo, ces hommes ont toujours été les mêmes, depuis des générations. Du premier colonisateur au premier conservationniste (chacun avec sa propre armée), il n'y a qu'une seule différence : leur nom.

Au nom du père, du fils et de la sainte nature

Délaissons un instant la forêt du Congo et retournons à la fin du XIXe siècle. Vous vous souvenez de Yellowstone, de « l'idée américaine du siècle », du mythe de la nature sauvage, du darwinisme et de la révolution industrielle ? Bien. Essayez maintenant d'imaginer autre chose : les énormes quantités de ressources naturelles nécessaires, au cours de ces mêmes années, pour alimenter l'essor industriel de l'Occident (des matériaux sont nécessaires pour fabriquer des choses !). Où les trouver ? L'expansion des empires coloniaux s'est donc accélérée et ils ont négocié leurs ambitions en Afrique lors de la conférence de Berlin entre 1884 et 1885 (mieux décrite comme « la ruée vers l'Afrique »). Dès lors, et pendant toute la durée de la colonisation, tous types de personnages possibles et imaginables ont foncé vers l'Afrique et ses peuples, armés de leur faisceau de mythes, de préjugés et d'obsessions : les colonisateurs et leur cupidité, les chasseurs et leurs ambitions (par exemple récolter des trophées de chasse), les missionnaires et leurs rêves de gloire, les scientifiques et leur curiosité, et même les conservationnistes et leur peur de la « fin de la nature ».

Bien que différents, une chose unissait nombre de ces acteurs : ils étaient convaincus que la « civilisation » européenne, comme l'affirmaient le racisme scientifique et les théories issues du darwinisme, appartenait à une race supérieure et les Africains à une race inférieure – des gens à convertir, à éduquer, à diriger, à étudier ou à réduire en esclavage. Toute action des Européens en Afrique, quel qu'en soit le but (même la conquête), sera toujours considérée par eux comme une mission de « civilisation » : « nous » le faisons pour « eux ».

En plus des armées, nécessaires pour protéger les intérêts économiques des colonisateurs, des hôpitaux psychiatriques et des prisons pour punir les rebelles, des plantations et d'autres formes d'exploitation économique, des écoles réservées à quelques privilégiés, ainsi que de nouvelles églises, l'arrivée des colonisateurs sur le continent africain (et asiatique, mais laissons cela de côté pour l'instant) entraîne avec elle la création des « aires protégées ». Ces zones ne sont rien d'autre que des terres « mises en jachère » et spécialement classées dans le but de « préserver la nature ». Elles font partie intégrante du processus de colonisation : plus les colonisateurs détruisent les terres africaines pour en extraire les ressources, plus ils ressentent le besoin de protéger leur rêve de « nature sauvage ». L'enjeu central dans ce processus de destruction/préservation entre colonisateurs et colonisés est d'établir et de définir qui détruit la nature et de qui il faut la protéger. Les « aires protégées » se constituent comme la réponse des colonisateurs à cette question : une réponse leur permettant de continuer l'exploitation des ressources tout en imaginant agir pour la « protection de la nature ».

Le premier parc national sur le continent africain a été créé par le roi de Belgique, Albert, fils de Léopold II. Ce dernier est surtout connu pour la brutalité avec laquelle il a dirigé le soi-disant « Congo libre » (quelle ironie !), aujourd'hui la République démocratique du Congo. Les années dites du « caoutchouc rouge » (*Red Rubber* en anglais, de 1885 à 1904), où les meurtres, l'esclavage et la violence étaient monnaie courante pour obtenir du caoutchouc brut, ont eu pour conséquence d'amputer le pays de la moitié de sa population. C'est dans ce contexte qu'Albert, après avoir visité les parcs de Yellowstone et de Yosemite, a, lui aussi, trouvé l'idée du siècle et décidé de créer, en 1925, le parc national Albert (l'actuel parc des Virunga, toujours dirigé – quelle coïncidence – par un autre membre de la noblesse belge : le prince Emmanuel de Merode). L'objectif du parc, contrairement à ses équivalents américains, n'est pas la « récréation » (le tourisme), mais la science. L'idée des Belges est de transformer une partie de la forêt congolaise en un laboratoire à ciel ouvert dédié à la recherche scientifique. De nombreux parcs établis par les empires coloniaux belge et français ont suivi cet exemple. D'autres, comme l'actuel parc national Kruger (en Afrique du Sud), ont été créés à l'origine pour servir de « réserves de chasse » afin de protéger la faune sauvage en déclin de la chasse pratiquée par la population locale, mais pas de celle pratiquée par les chasseurs blancs, qui ont pu continuer la « chasse sportive » dans plusieurs de ces réserves pendant la colonisation (nous y reviendrons).

Comme nous l'avons vu dans le chapitre sur la « nature sauvage », ces terres qui sont devenues des parcs n'étaient évidemment pas vides. Bon nombre d'aires protégées créées en Afrique et en Asie à l'époque coloniale ont été construites sur des territoires utilisés et habités par des peuples autochtones qui, après la création de ces nouvelles zones de conservation, ont été contraints d'abandonner leurs maisons, leurs moyens de subsistance et leurs lieux sacrés. C'est pourquoi on parle de colonialisme vert : le vol de terres au nom de la protection de la nature. Avec l'arrivée des aires protégées, les activités normales des peuples autochtones, telles que la collecte de bois, la pêche, la cueillette de plantes médicinales, les rituels, le pâturage, l'agriculture à petite échelle et la chasse, sont devenues des crimes contre la nature. Un ensemble de réglementations (comme les codes forestiers) et de corps chargés de faire respecter la loi (par exemple les gardes forestiers) ont été mis en place pour contrôler le comportement des habitants en matière de « protection de la nature ».

Selon les estimations, ce modèle, appelé « conservation-forteresse » précisément parce qu'il s'agit de créer des zones réservées à la conservation et interdites aux locaux, est responsable de l'expulsion d'au moins 14 millions de personnes rien qu'en Afrique[19],

---

[19] Charles Geisler and Ragendra de Sousa, *From Refugee to Refugee: The African Case*, University of Wisconsin-Madison, Land Tenure Center, 2000.

un chiffre encore plus élevé que le nombre d'esclaves amenés d'Afrique vers les États-Unis entre 1526 et 1867. Or, non seulement ce modèle a privé des millions de personnes de leurs moyens de subsistance (et tué un grand nombre d'entre elles), mais il a également divisé et donc rompu les anciens équilibres complexes qui existaient entre les différents peuples autochtones utilisant ces territoires : chasseurs-cueilleurs, éleveurs pastoraux, agriculteurs, qui avaient façonné les savanes, les forêts, les montagnes et les coteaux, créant des villages, des camps de chasse, des sentiers et des champs cultivés bien avant l'arrivée des Européens. Sans ces habitants et sans la possibilité pour ces derniers de continuer à vivre et à donner vie à ces espaces, les aires protégées sont ensuite devenues des « espaces blancs », des lieux perdus par les locaux au profit d'élites occidentales qui allaient les utiliser pour la recherche scientifique, la chasse ou les loisirs.

Mais pourquoi les Européens ont-ils décidé d'imposer un tel modèle en Afrique et d'expulser les populations locales de leurs terres pour préserver la faune et la flore ? Certes le modèle de parc américain basé sur l'idée de la « nature sauvage » circulait à l'époque (nous avons vu que même le roi Albert les avait visités). Mais d'autres modèles de coexistence entre humains et « nature » étaient également disponibles dans l'imaginaire de l'époque. Par exemple, selon l'historien Marcus Hall[20], les Alpes n'ont jamais été considérées par les Italiens comme un espace sauvage et vide à sauver de la destruction humaine. Au contraire, les experts de l'époque étaient bien conscients du fait que ce paysage monta-

---

[20] James Morton Turner, « Rethinking American Exceptionalism », *The Oxford Handbook of Environmental History*, dirigé par Andrew C. Isenberg, Oxford University Press, 2014, p. 295.

gneux était le produit millénaire de plusieurs couches d'histoire et de culture.

Comme pour les parcs américains, la réponse est à trouver dans le racisme. Les Européens considéraient les populations autochtones comme « primitives », incapables de gérer leur environnement et d'en tirer profit. Les Autochtones ont manifestement vécu pendant des générations dans ces environnements, réussissant non seulement à survivre, mais aussi à mettre en place des modes de vie complexes sans jamais épuiser les ressources naturelles. La « nature africaine », à l'arrivée des Européens, n'avait donc rien de naturel : elle avait été façonnée par les peuples autochtones et leurs techniques millénaires. Mais, là encore, face aux extraordinaires faune et flore africaines, les Européens n'ont vu que de la « nature sauvage » et ont interprété les modes de vie de la population locale comme « superstitieux ». Cette fausse idée pourrait s'expliquer en partie par un concept très présent dans l'imaginaire européen de l'époque, celui de la « productivité » : les terres qui n'étaient pas cultivées ou utilisées pour l'élevage intensif étaient vues comme gaspillées ou « vides ». Pour les colonisateurs, les Africains en général n'étaient pas assez « productifs » ou intelligents pour savoir que faire de leurs terres, comment les exploiter ou les protéger.

Mais pas seulement. Dans les chroniques des colonisateurs, il y a certes l'idée que la nature africaine est « sauvage » (raison pour laquelle ils l'admiraient et voulaient la protéger), mais aussi l'idée qu'elle n'est « pas sauvage » : elle est en danger constant, en voie de disparition ou déjà détruite par ses propres habitants africains. Cela semble contradictoire, mais, comme nous l'avons dit, si la conservation de la nature est basée sur des mythes, et non sur des faits, elle n'a pas besoin d'être cohérente. Et le rôle du mythe, ne l'oublions pas, est d'être un outil de l'idéologie. Dans ce cas, le mythe de la « nature sauvage » et celui du « primitif destructeur de la nature » sont entrelacés et vont parvenir au même résultat : justifier le vol des terres et l'exploitation des ressources par les colonisateurs.

D'après les Occidentaux, la population locale, du fait de sa stupidité, ruinait et détruisait la « nature sauvage ». Il revenait donc aux Européens de sauver l'Afrique des Africains. Dans cette sorte de délire de supériorité, les Européens sont allés jusqu'à l'absurde en considérant les déserts et les savanes comme des « paysages déboisés »[21] : des lieux autrefois paradisiaques, aujourd'hui ruinés par les Autochtones (hypothèse qui n'avait et n'a aujourd'hui aucune base scientifique). Les Français, par exemple, auraient développé le concept de « désertification » pendant leur occupation de l'Afrique du Nord. Ils étaient convaincus que cette région avait été le grenier de Rome et que, par conséquent, les paysages arides et semi-arides qu'ils avaient rencontrés à partir des années 1830 avaient été « déboisés » et « désertifiés » par la population locale, en particulier par les éleveurs pastoraux. Ces derniers ont été accusés par toutes les puissances coloniales de « surpâturage ». Dans le cas de la France, cette accusation a été utilisée pour confisquer des terres et tenter de sédentariser les éleveurs. L'idée que le désert est une terre ruinée par ses habitants a été consolidée par des lois, des codes forestiers et des politiques en Algérie, au Maroc et en Tunisie. Comme l'a soutenu la professeure Diana K. Davis :

---

[21] Pour le cas de l'Éthiopie, voir : Guillaume Blanc, *L'invention du colonialisme vert. Pour en finir avec le mythe de l'Éden africain*, Flammarion, 2020.

Ces lois et politiques ont restreint et criminalisé de nombreuses utilisations locales des terres appropriées pour des terres arides, qui avaient été utilisées durablement pendant des siècles par les Nord-Africains, tout en facilitant les activités coloniales et enrichissant les colons européens[22].

Le mythe du « primitif » destructeur de son environnement apparaît aussi clairement dans la question de la chasse. Comme vu précédemment, de nombreux colonisateurs pratiquaient la « chasse sportive » et nombreux étaient les Occidentaux (tel Roosevelt) qui se rendaient en Afrique pour tirer sur la mégafaune africaine. Cependant, cette passion « blanche » pour la chasse ne s'est jamais transformée en une plus grande tolérance pour les nombreux Africains qui chassaient pour leur subsistance. Très vite, dans les colonies, les Africains qui chassent sont appelés « braconniers », un terme qui, à l'origine, désignait le comportement des vauriens qui osaient chasser le cerf sur les terres du roi[23]. Ce qui, d'une certaine manière, n'est pas très différent de l'usage qui en est fait depuis la colonisation. Aujourd'hui encore, on appelle « braconniers » les Africains qui chassent là où les Blancs ne veulent pas qu'ils le fassent (par exemple dans les aires protégées). Les Occidentaux qui tuent des animaux pour le sport sont, quant à eux, qualifiés de « chasseurs ». Dans l'imaginaire des Blancs, les « chasseurs » et les « braconniers » ont un impact différent sur l'environnement.

---

[22] Diana K. Davis, « Deserts », *The Oxford Handbook of Environmental History*, edited by Andrew C. Isenberg, Oxford University Press, 2014, p. 117 (traduit par nos soins).
[23] Stephanie Hanes, *White Man's Game, Saving Animals, Rebuilding Eden, and Other Myths of Conservation in Africa*, Metropolitan books, 2017, p. 101.

D'après les colonisateurs européens, les peuples autochtones n'avaient pas seulement causé la désertification de l'Afrique du Nord et la déforestation des savanes, mais ils étaient également à l'origine du déclin de la faune en raison d'une chasse excessive. Nombre des premières organisations à vouloir protéger les animaux sauvages et à faire pression pour la création d'aires protégées, telles que la Société pour la préservation de la faune sauvage de l'Empire[24] (Society for the Preservation of the Wild Fauna of the Empire), fondée en 1903 et aujourd'hui appelée Fauna & Flora International, ont été créées par des chasseurs aristocratiques (originaires des pays colonisateurs) préoccupés par le déclin de leurs proies potentielles – un déclin causé, selon eux, par les Africains.

D'une certaine manière, les colonisateurs avaient raison : la faune dans les colonies était en déclin. Entre 1814 et 1890, on estime que les deux tiers de la population d'éléphants d'Afrique ont disparu. Idem sur le continent asiatique : à la fin du XIXe siècle, on estime qu'entre 50 000 et 100 000 tigres parcouraient le sous-continent indien ; en 1972, date du premier recensement, il n'en restait plus qu'environ 1 800. La véritable cause de ce déclin n'avait cependant presque rien à voir avec la « chasse excessive » pratiquée par la population locale. Des études historiques montrent que l'expansion du commerce de l'ivoire en raison de la demande européenne de touches de piano, de boules de billard, de manches de couteaux et d'autres articles de luxe est l'une des causes principales du déclin des éléphants en Afrique[25]. En Inde, la forte baisse du nombre de tigres n'est pas sur-

---

[24] Pour notre amusement, la presse britannique les a appelés le « Club des bouchers pénitents » (*Penitent Butchers Club*).
[25] Thomas M. Lekan, *Our Gigantic Zoo. A German Quest to Save the Serengeti*, Oxford University Press, 2019, p. 114.

venue par hasard pendant la période coloniale : la chasse au tigre était un sport courant parmi les élites britanniques et indiennes pendant le Raj britannique, et ce sont ces excursions sanglantes qui représentent l'un des facteurs clés du déclin dramatique des tigres en Inde, et non les peuples autochtones. Selon une estimation, 80 000 tigres auraient été tués entre 1875 et 1925[26]. Mais l'Afrique et l'Asie réelles n'intéressaient pas les Européens : malgré tous les efforts déployés pour justifier scientifiquement leurs lois et leurs hypothèses, ces dernières n'en demeuraient pas moins constituées de mythes et d'idées reçues. Des mythes, je le répète, qui ont une fonction précise : permettre de poursuivre l'exploitation de ressources au bénéfice des colonisateurs.

Même les premières conventions de conservation de la nature négociées par les puissances coloniales étaient fondées sur les mêmes images racistes et la dichotomie mythologique chasseur/braconnier. Penchons-nous sur la Convention de Londres de 1933, l'un des premiers accords internationaux de conservation. Wikipédia nous dit que le texte « a été appelé la Magna Carta [Grande Charte] de la conservation de la vie sauvage » et qu'elle est « le point culminant de l'institutionnalisation de la protection de la nature au niveau mondial avant la Seconde Guerre mondiale »[27]. Pourtant, si on la lit, la Magna Carta de la conservation semble également fondée sur le mythe du primitif. Comme nous le dit Thomas Lekan, professeur d'histoire à l'université de Caroline du Sud :

---

[26] Rajarshi Mitra, « Shooting Tigers in Early 20th-Century India », *Imperial & Global Forum*, Blog of the Centre for Imperial and Global History at the History Department, University of Exeter, 2018 : https://imperialglobalexeter.com/2018/09/17/shooting-tigers-in-early-20th-century-india/#_ftnref1

[27] Convention Relative to the Preservation of Fauna and Flora in their Natural State : https://en.wikipedia.org/wiki/Convention_Relative_to_the_Preservation_of_Fauna_and_Flora_in_their_Natural_State (traduit par nos soins).

Les signataires de la convention de 1933 ont également ciblé les pratiques de chasse africaines jugées particulièrement « cruelles » et « antisportives », notamment l'utilisation de pièges, de fosses empalées et de flèches empoisonnées – en réalité, beaucoup accusent les « Autochtones » d'être responsables de la crise d'extinction des animaux en Afrique[28].

L'idée que de nombreux Africains ne pratiquaient pas la chasse comme une activité sportive, mais pour subvenir aux besoins de leur famille, et ne pouvaient donc pas être classés dans la catégorie « sportifs ou non sportifs »[29], de même que l'idée que leurs pratiques de chasse pouvaient être basées sur des systèmes culturels sophistiqués respectant les animaux et permettant leur reproduction (sinon pourquoi y aurait-il en Afrique autant d'animaux à chasser pour les Européens ?) n'a pas effleuré une seule seconde les têtes « supérieures » et « civilisées » des Européens. Après tout, les Africains étaient « primitifs ». Dans le même temps, ces images aveuglantes ne permettaient pas aux conservationnistes, même bien intentionnés, de véritablement protéger la nature. En assombrissant leur capacité d'analyse, le mythe du « primitif » ne laisse aucune chance d'agir sur ce qui détruit réellement la nature africaine. Au contraire. En accusant les Africains, les colonisateurs pouvaient continuer à nier le lien évident entre l'exploitation des ressources naturelles à des fins lucratives dont ils étaient responsables, leur chasse « sportive » et le déclin de la

---

[28] Thomas M. Lekan, *Our Gigantic Zoo. A German Quest to Save the Serengeti*, Oxford University Press, 2019, p. 56.
[29] De nombreux Autochtones âgés au Kenya, par exemple, me raconteront ensuite l'expérience traumatisante qu'ils ont vécue en voyant les Blancs chasser tant d'animaux sans les manger.

flore et de la faune – et à perpétuer ainsi leur domination. En réalité, le mythe du « primitif » a nourri et justifié l'exploitation et la destruction de l'environnement par les Européens : la création des aires protégées et la criminalisation des modes de vie autochtones ont aussi permis aux colonisateurs de couper l'accès de nombreux Africains aux ressources communes et, en détruisant leur autosuffisance, de rediriger la main-d'œuvre africaine vers les fermes et les plantations. Tout cela sans remettre en question la destruction qu'ils avaient causée.

À l'arrivée des Européens, la « nature » africaine était donc – par le plus pur des hasards – belle, incroyable, extraordinaire, remplie d'animaux. Mais non, ce n'était évidemment pas du fait des Africains, qui bien entendu la détruisaient sans le savoir.

Et puis, comme tombé du ciel : « Je vous ai compris »[30], annonce le général de Gaulle. La décolonisation s'accélère. Si les Africains détruisaient la nature et que seuls les Européens pouvaient la sauver, nous ne pouvons qu'imaginer le désespoir ressenti par les conservationnistes européens à la fin des années 1950 alors que les luttes pour la libération de l'Afrique s'étendaient : la « civilisation » européenne touchait à sa fin en Afrique. Qui allait maintenant sauver l'Afrique des Africains ?

---

[30] « Je vous ai compris » est la phrase clé du discours du 4 juin 1958 de Charles de Gaulle à Alger. L'interprétation de ce discours est considérée par beaucoup comme assez ambiguë. Pour la foule de « pieds-noirs » qui l'écoute et l'acclame, le discours du général de Gaulle est une déclaration en faveur de la continuation de l'Algérie française. Pour d'autres, ce discours représente le début (caché) du chemin vers une plus grande autodétermination pour l'Algérie qui finira par la reconnaissance de son indépendance en 1962.

Pas de panique.

C'est ainsi qu'à l'issue d'une conférence sur la protection de la nature africaine à Arusha (Tanzanie), le 11 septembre 1961, en pleine décolonisation, est créé le WWF (World Wildlife Fund), un fonds destiné à soutenir les « experts occidentaux » qui partent travailler en Afrique pour protéger la nature. Maintenant que les colonisateurs sont partis, les « experts » des ONG et autres institutions internationales vont affluer sur le continent pour expliquer aux Africains comment gérer leurs terres (il s'agit souvent des fonctionnaires coloniaux eux-mêmes, camouflés cette fois-ci en « experts »). Leur objectif est toujours le même qu'à l'époque coloniale : s'assurer que la faune soit disponible pour satisfaire les désirs des Blancs (sport, recherche scientifique, tourisme), tandis que l'exploitation des ressources du continent africain à des fins lucratives se poursuit de manière incontestée. Le mythe du « primitif », lui aussi incontesté, survit donc à la colonisation et s'insinue dans les agendas internationaux et « environnementaux » des siècles à venir.

Pour une poignée de dollars

Je transpire et peine à suivre leur cadence dans cette forêt congolaise qui m'est incompréhensible. Je vous assure que, de mon point de vue, ils semblent courir. En marchant sur cette terre noire couverte de feuilles, je trébuche sur chaque brindille, sur chaque racine et autres obstacles, tandis que les Baka semblent défiler sur un podium. Ils se retournent et sourient, me regardent avec pitié : ils peuvent voir la souffrance gravée sur mon visage blanc. Je m'apitoie sur mon sort, je me sens inutile. Tout ce qui se trouve dans cet endroit me fait peur. Ils s'arrêtent, me montrent des choses : ils savent lire ce monde vert et muet, indéchiffrable pour moi, comme on lit un livre. Un homme baka aux yeux brillants, que j'appellerai M., me montre une substance grise et collante qu'il vient d'extraire d'un arbre : « C'est le briquet de la forêt », dit-il dans un français impeccable (en tout cas plus impeccable que le mien !). Il s'agit de la résine de l'arbre *paka*, qui s'embrase facilement lorsqu'elle est touchée par une étincelle. Je le regarde, surprise, embarrassée par mon ignorance et mon incapacité à survivre cinq minutes sans électricité et sans les instructions de Google. (Croyez-moi, Google me manque cruellement à chacun de mes voyages.) Nous pressons le pas, ne voulant pas être aperçus par des écogardes. Nous nous trouvons dans ce qui était autrefois la demeure des Baka, mais dans laquelle il faut à présent entrer « comme des voleurs », disent-ils.

Je devais être âgée d'environ cinq ans lorsque les collègues qui m'ont précédée à Survival furent alertés sur la même situation dramatique que j'observais maintenant au Congo, dans la même forêt, mais à cette époque-là du côté camerounais : les Baka risquaient de perdre l'accès à leur forêt à cause de plusieurs projets de conservation soutenus par le WWF. Le président du WWF était alors un autre chasseur célèbre : le prince Philip, époux de la reine Elizabeth II. Mes collègues ont à plusieurs reprises alerté le WWF sur le danger que ces parcs représentaient pour les Baka. Nous n'avons aucune trace d'une réponse du WWF. Nous étions alors en 1991. Curieusement, le WWF a répondu à une autre lettre envoyée par Survival en 1989 au sujet des peuples autochtones de la forêt camerounaise : « Dans les forêts où je travaille majoritairement, il n'y a pas d'habitants autochtones », avait alors écrit le représentant du WWF au Cameroun.

Trente ans plus tard, les Baka sont encore et toujours invisibles aux yeux du WWF. L'organisation continue de décrire certaines forêts du bassin du Congo comme « immaculées ». Quand l'existence des chasseurs-cueilleurs ne peut être niée, le WWF, comme les colonisateurs, fait appel au mythe du « primitif » et nous explique simplement : « Vous avez tort, ils ne savent pas. » C'est par ces mots qu'un employé allemand du WWF m'a répondu lorsque, en novembre 2018, j'ai essayé de lui expliquer que les Baka savaient mieux que quiconque comment protéger leur forêt. Il y a donc bien des gens là-bas, mais ils ne savent rien et ont besoin de nous.

Les Baka voient les choses différemment. « Nous gérons notre forêt. Si nous l'avions détruite, les éléphants ne seraient pas là », me disent-ils. Grands connaisseurs de la forêt où ils vivent depuis des temps immémoriaux, brisant le mythe du « primitif », les Baka semblent très bien savoir ce qu'ils font. Les campements saisonniers qu'ils construisent dans la forêt lorsqu'ils vont chasser abritent une riche mosaïque végétale. En fait, lorsque les Baka ramassent des ignames sauvages[31], ils laissent souvent une partie de la racine intacte dans le sol ou enterrent des parties de tubercules dans l'intention de favoriser leur régénération ; cela permet à des poches d'igname, la nourriture préférée des éléphants et des sangliers, de se répandre dans la forêt. C'est pourquoi il y a tant d'éléphants dans les endroits où vivent des Baka. En outre, peu de personnes au monde entretiennent une relation aussi étroite avec les éléphants de forêt. Ils les classent en plus de quinze catégories différentes selon l'âge, l'apparence, le sexe, le caractère et le

---

[31] L'igname sauvage est un tubercule consommé par les Baka.

pouvoir magique. De nombreux Baka croient que, une fois morts, leurs esprits se rendent au cœur de la forêt, où ils marchent aux côtés des éléphants, tels des bergers gardant leurs troupeaux. Bien sûr, les Baka chassent aussi (ou, dans certains cas, chassaient autrefois) les éléphants et d'autres animaux sauvages pour se nourrir (également lors de célébrations), mais il existe dans leur société des « tabous » (des règles) qui codifient et ritualisent la chasse, empêchant la « surchasse », ce qui permet de maintenir l'équilibre de l'écosystème.

Loin d'être « immaculée », la forêt congolaise est donc la maison de peuples autochtones qui dépendent d'elle pour vivre et la façonnent en même temps : ils chassent, cueillent, pêchent, cultivent. Si on prend cela en compte, il devient évident que le mythe de la « nature sauvage » du WWF peut prendre un tournant dangereux lorsque l'association suisse s'implique pour « la protéger ». Car comment différencier les personnes qui utilisent la forêt pour subsister et chassent pour manger, de celles qui chassent pour vendre l'ivoire et en tirer profit ? Dans un tel contexte, une extrême précaution est nécessaire, au risque de voir criminalisées des populations entières qui essaient de nourrir leurs familles. À moins, bien sûr, qu'il s'agisse là précisément de l'objectif.

Comme pendant la colonisation, le déclin des éléphants et la perte de biodiversité sont également une réalité dans le bassin du Congo de nos jours : selon les estimations des conservationnistes, 60 % des éléphants des forêts d'Afrique centrale ont disparu au cours de la dernière décennie. Parallèlement, la déforestation a atteint un rythme effréné et plus d'un million d'hectares de forêt sont détruits chaque année. Les Baka aussi se rendent très bien compte du fait que leur forêt est en danger, mais ils savent que tout cela n'a rien à voir avec eux : « Les Baka protègent la nature. Nous entrons dans la forêt pour obtenir de la viande, des patates douces et des végétaux à manger, pas pour les vendre. Nous n'avons pas de machines qui peuvent abattre les arbres. Nous grimpons aux arbres pour récolter du miel, mais nous ne leur faisons pas de mal. Les sociétés d'exploitation forestière enlèvent tous les arbres et détruisent tout. » Dans les documents écrits, le WWF est d'accord avec les Baka :

> Les principaux facteurs de dégradation de l'environnement dans ETIC [Espace Tridom Interzone Congo, dont Messok Dja fait partie] sont le braconnage d'éléphants, l'extraction commerciale de bois, l'extraction minière semi-industrielle, la construction de routes (route Trans-Tridom), l'exploitation minière artisanale, un barrage hydroélectrique (barrage Chollet), et la chasse commerciale[32].

Concernant la diminution du nombre d'éléphants en particulier, selon plusieurs études (dont beaucoup ont été réalisées par des ONG de protection de la nature elles-mêmes), les causes principales sont la demande croissante d'ivoire (qui conduit ensuite au braconnage) et la perte d'habitat (également due à la destruction provoquée par les industries extractives et forestières). Le même WWF affirme que « l'exploitation commerciale des ressources naturelles et le développement d'infrastructures routières facilitent l'accès aux "braconniers" et menacent les habitats des éléphants, des grands singes et d'autres espèces ». Enfin, un autre facteur à considérer est la corruption : comme l'indique un rap-

---

[32] WWF, Termes de référence. Étude d'impact environnemental et social (EIES) et préparation d'un Plan de Gestion Environnemental et Social, 2020.

port de l'Office des Nations unies contre la drogue et le crime[33], à l'origine du braconnage se trouvent souvent des réseaux criminels en collusion avec des fonctionnaires corrompus.

Si on suit cette analyse, on pourrait donc s'attendre à ce que, pour faire face au braconnage d'éléphants et à la destruction de la forêt, le WWF se concentre sur la réduction de la demande d'ivoire et d'autres articles faisant l'objet d'un trafic par les consommateurs sur des marchés cibles[34] ; sur le lobbying visant à renforcer les lois contre la corruption des fonctionnaires ; sur la lutte contre les entreprises qui pratiquent la déforestation et d'autres formes d'extractivisme responsables d'ouvrir des routes aux « braconniers » et de détruire les habitats des éléphants. Et pourtant non.

Comme à l'époque coloniale, le mythe du « primitif », dont un certain nombre de conservationnistes et dirigeants politiques sont imprégnés, ne permet pas de faire face à la vraie cause de la réduction de la faune et joue un rôle clé dans la défense des intérêts économiques des élites. Les primitifs d'hier sont aujourd'hui des « braconniers » qu'il faut tenir loin des aires protégées. Pour le WWF, comme pour les colonisateurs et leur idée de « chasse excessive », la chasse de subsistance des Baka est du « braconnage » et doit être arrêtée. Selon eux, les Baka devraient devenir végétariens : « Lors de la visite d'une déléga-

---

[33] UNODC, *World Wildlife Crime Report: Trafficking in protected species*, 2016.
[34] Rosaleen Duffy, « The EU should advocate a demand-reduction approach to tackling the global ivory trade », *Blog of the London School of Economics*, 2015 : https://blogs.lse.ac.uk/europpblog/2015/04/09/the-eu-should-advocate-a-demand-reduction-approach-to-tackling-the-global-ivory-trade/

tion du WWF, ils nous ont dit de ne pas chasser les éléphants ni d'autres animaux. Ils ont dit que nous devions arrêter de manger de la viande et ne manger que des feuilles de manioc. Nous avons demandé "Mais comment allons-nous survivre ? Comment nos enfants pourront-ils grandir sans viande ?" Mais ils n'ont pas répondu. »

Bien sûr, le double standard habituel de l'ère coloniale s'applique également ici. Les Baka sont arrêtés, torturés et tués s'ils sont trouvés en possession de gibier ou sur le point de chasser pour se nourrir. Pour les conservationnistes, il existe un autre critère : l'argent. Ils ont beau être végétariens, la passion de la chasse aux trophées demeure : en 2013, Peter Flack, alors membre du conseil d'administration (*trustee*) du WWF Afrique du Sud, a abattu un éléphant au Cameroun, probablement après avoir payé des milliers d'euros. Son récit (et ses photos) sont dignes de l'époque de Roosevelt : « Avant la chasse, deux chasseurs professionnels [...] m'ont dit à différentes reprises (mais pratiquement dans les mêmes termes) qu'à leur avis la chasse à l'éléphant dans les forêts tropicales était la dernière grande aventure de chasse subsistant en Afrique. Avec tout le respect que je dois à ces deux chasseurs professionnels exceptionnels, je ne peux qu'être d'accord avec eux. »[35]

Pendant ce temps, les Baka sont affamés. « Nous souffrons. Nous ne savons plus ce qu'est la viande. Quand les écogardes apprennent que quelqu'un est parti à la chasse, ils

---

[35] Peter Flack, « Rain Forest Elephant Hunting in Cameroon », *Blog Peter Flack Productions*, 2013 : https://www.peterflack.co.za/hunt-conservation-elephant-cameroon/ (traduit par nos soins).

viennent le chercher. Autrefois, les Baka vivaient avec de la bonne viande. Aujourd'hui, c'est très compliqué. Le pangolin, s'ils te trouvent avec ça, tu es fini, tu vas mourir en prison. C'est comme tuer un être humain. » La faune est donc en déclin, mais nous, Occidentaux, n'avons rien à voir avec ça, tandis que la population locale, elle, est fautive. Leurs modes de vie constituent des crimes contre la nature. Ça vous rappelle quelque chose ?

Une fois les modes de vie de milliers d'Autochtones criminalisés, il devient nécessaire de mettre en place plus de « police » pour contrer les criminels. C'est évident. Et voilà comment l'argent du WWF (et le nôtre) est de façon croissante dépensé pour soutenir des gardes-parcs, considérés comme des « défenseurs de l'environnement » – en somme, des héros. Les écogardes qui surveillent les parcs naturels d'Afrique et d'Asie sont parfois entraînés par des sociétés privées, souvent composées par d'anciens militaires ou des vétérans des forces spéciales occidentales. Nombre d'entre eux sont équipés d'armes de guerre et de haute technologie (drones, lunettes de vision nocturne, etc.). Pour aggraver les choses, cette militarisation de la conservation de la nature s'est accélérée au cours des deux dernières décennies depuis que les rumeurs, jamais confirmées (mais depuis quand les mythes ont-ils besoin d'être prouvés ?), d'un lien entre le terrorisme et le braconnage ont ouvert la voie à l'afflux de millions de dollars en provenance d'Amérique et d'Europe (en particulier d'Allemagne) vers les gardes-parcs au nom de la « sécurité mondiale ». Entre 2010 et 2016, sur les 1,3 milliard de dollars dépensés par vingt-quatre donateurs internationaux pour mettre fin au commerce illégal d'espèces sauvages, 65 % ont été consacrés aux aires protégées et aux activités liées à l'application de la loi (comme les écogardes)[36]. Cette course « verte » aux armements ne résout pas le problème et ne fait qu'empirer les choses.

Les Baka sont sans aucun doute les yeux et les oreilles de la forêt. Ils pourraient être des alliés essentiels pour la protection des éléphants : « Nous savons où et quand les "braconniers" se trouvent dans la forêt, mais personne ne nous écoute », m'a dit un homme baka. Au lieu de cela, les projets militarisés de « lutte contre le braconnage », qui ne prennent pas du tout en compte les modes de vie des Autochtones, sont conçus pour « punir » les populations locales et cibler les plus vulnérables, ce qui finit par aliéner leur soutien. Privés de leurs moyens de subsistance et dotés d'une connaissance unique de la forêt et de la chasse, il ne serait pas surprenant que des Baka finissent par aider de vrais « braconniers ». Mais le mythe (nous l'avons dit) a une raison d'être. Et celui du « primitif-braconnier » sert bien sûr les intérêts de certains.

En prenant pour cible des peuples autochtones tels que les Baka et leurs modes de vie, on détourne l'attention des véritables causes de la destruction de l'environnement : l'exploitation forestière, la collusion entre criminels et fonctionnaires corrompus (qui gèrent les réseaux de braconnage), etc. Les Baka le savent également. Les décisions touchant à leur vie et à leur mort ne sont pas liées au « braconnage ». « Le WWF est venu ici pour faire ses

---

[36] Ashoka Mukpo, « Links between terrorism and the ivory trade overblown, study says », *Mongabay*, 2022 :
https://news.mongabay.com/2022/02/links-between-terrorism-and-the-ivory-trade-overblown-study-says/

affaires. Il n'est pas venu ici pour protéger la forêt. Les écogardes ont leur salaire et doivent arrêter les gens pour prouver qu'ils font quelque chose. Ils reçoivent également une prime de performance s'ils arrêtent des gens. Ils torturent les gens sans aucune preuve et les relâchent ensuite, juste pour l'argent », disent les Baka.

Après avoir soumis une demande d'accès aux documents à la Commission européenne, j'ai découvert que les Baka avaient effectivement raison et que les gardes forestiers recevaient des primes lorsqu'ils procédaient à des arrestations (des primes payées par le WWF grâce à des fonds que lui avait versés l'UE). Les conséquences d'un projet conçu de la sorte sont évidentes : « Le WWF est venu ici pour nous maltraiter. Beaucoup de gens sont morts en prison après avoir été arrêtés par des gardes du WWF, accusés de braconner des éléphants, sans aucune preuve. » Le projet du WWF encouragerait ainsi les écogardes à arrêter des personnes innocentes. Mais cela a-t-il un impact sur la lutte contre le braconnage ?

Les mots d'un chercheur de l'Unité chargée du respect des normes environnementales et sociales (URNES) du PNUD, qui était responsable d'enquêter sur le projet Messok Dja après une plainte portée par Survival, font écho aux Baka et nous lancent la triste vérité à la figure. Les indicateurs quantitatifs du projet, tels que le nombre de patrouilles, d'arrestations, d'animaux sauvages saisis par les patrouilles, « destinés à mesurer le succès du projet, ne font pas référence au lien particulier qui unit les Baka à leurs ressources traditionnelles. L'URNES n'a pu trouver la preuve que les activités de lutte contre le braconnage reflétées dans les indicateurs avaient conduit au démantèlement des réseaux criminels à l'origine du commerce illégal d'espèces. En conséquence, ces indicateurs contribuent en fait, indirectement, à pénaliser les cibles les plus faciles. »[37]

Des cibles faciles. Voilà ce que sont les Baka. Voilà ce qu'était Komanda : un indicateur quantitatif, un numéro de plus sur un dossier pour réjouir une personne assise dans un bureau à Bruxelles ou Washington (« Voilà, nous avons arrêté un braconnier ! »). À travers ces mots (« les cibles les plus faciles ») émerge la raison profonde expliquant comment s'est perpétué le mythe du « primitif » et donc la criminalisation du mode de vie des Baka.

Pour le WWF, il est manifestement plus « facile » (et plus commode) de s'en prendre aux chasseurs-cueilleurs que d'affronter des fonctionnaires corrompus et les multinationales qui coupent les arbres et détruisent les habitats des éléphants. En effet, si on se rappelle bien, depuis sa création même, son rôle n'est pas vraiment de lutter contre l'exploitation des ressources naturelles en Afrique. C'est d'ailleurs l'opposé. Et presque tout le monde y gagne : le WWF peut continuer à recevoir des millions de la part des contribuables et montrer aux grands bailleurs de fonds que son projet fonctionne (en arrêtant les « dangereux » « braconniers ») ; il peut également « s'associer » à des entre-

---

[37] Rapport final d'enquête. Enquête sur les allégations de non-respect d'engagements en matière environnementale et sociale conformément aux normes du PNUD concernant le projet suivant :
Conservation intégrée et transfrontalière de la biodiversité dans les bassins de la République du Congo, TRIDOM II (octobre 2017 – mars 2023), 2020 : http://www.undp.org/secu

prises d'exploitation forestière pour soutenir la mise en place des équipes d'écogardes afin de « lutter contre le braconnage » ; les bailleurs de fonds (de nombreux États occidentaux) peuvent dire à leurs électeurs qu'ils agissent pour sauver la planète ; l'industrie de l'armement trouve une nouvelle guerre à mener pour engendrer des millions (le braconnage) ; et les multinationales peuvent continuer, sans se décourager, à exploiter les ressources naturelles dont dépendent tant de peuples dans le bassin du Congo sans que le WWF ne dise jamais rien à leur sujet (parfois même le WWF noue des « partenariats » avec ces entreprises, dont il reçoit ainsi de l'argent[38]). Le prix du silence du panda ? Nous ne le saurons jamais, mais découvrons par hasard que le projet du Messok Dja, dont le WWF fait partie et d'où sont expulsés les Baka (les « braconniers »), est financé notamment par des sociétés d'exploitation forestière et d'huile de palme : certaines des entreprises responsables du déclin des éléphants – précisément ces entreprises que le panda devrait combattre. Après tout, à cheval donné on ne regarde pas la bouche.

Et, comme je l'ai dit précédemment, presque tout le monde y gagne. Presque. Mais ne vous faites pas d'illusions. Les Baka ne sont pas les seuls perdants ici. De primitifs hier à « braconniers » aujourd'hui, les Baka savent bien que, quand ils auront disparu, la forêt, avec son puissant esprit (*Jengi* ou *Djengi*) et ses secrets, disparaîtra également. Un lien profond les unit : leur dieu (*Komba*) a créé la forêt pour les Baka et les Baka pour la forêt.

---

[38] « They are cutting down everything », *Survival International*, 2018, https://assets.survivalinternational.org/documents/1654/wwf-and-the-loggers.pdf

Une femme baka me court après alors que je marche dans la rue et me lance, comme une personne qui aurait, elle aussi, eu l'idée du siècle : « Pourquoi les Blancs ne prennent-ils pas les éléphants pour les amener en Europe ? Alors la forêt serait finalement libre. Notre forêt n'a pas de limites. » Je souris.

Primitif, qui ?

Le 16 septembre 1906, quelque 40 000 New-Yorkais se pressent dans le célèbre zoo du Bronx, créé quelques années auparavant à la demande de Roosevelt (oui, encore lui). Nous avons vu que Roosevelt aimait les animaux : il aimait les chasser, mais aussi les observer. Et il les aimait tellement qu'il voulait les avoir tout près de lui. Un jour, il a donc décidé que New York avait besoin d'un zoo et a chargé son collègue Madison Grant (un autre chasseur) de soutenir cette cause. En 1895, Grant a participé à la fondation de la Wildlife Conservation Society (WCS), ou de la New York Zoological Society, nom sous lequel elle était connue à l'origine. Environ quatre ans plus tard, le zoo du Bronx ouvrait ses portes.

Grant, qui a aidé à diriger la WCS pendant plus de quarante ans, est considéré comme l'un des fondateurs du mouvement moderne de la conservation. Comme la plupart de ses collègues, il adhère au racisme scientifique et il est également un fervent eugéniste (discipline qui vise à améliorer la « qualité génétique » d'une population), deux théories développées à partir des travaux de Darwin. Il est également l'auteur du tristement célèbre essai *The Passing of the Great Race*, qui appelle au nettoyage de l'Amérique des « races inférieures » – des vues partagées par d'autres hauts responsables de la WCS à l'époque.

L'ouvrage a été décrit par Adolf Hitler comme « [sa] Bible » et par Roosevelt comme « un livre fondamental »[39].

En ce jour de septembre 1906, le spectacle attendu par des milliers de personnes dans le célèbre zoo n'était pas un spectacle quelconque : « le seul véritable cannibale africain d'Amérique » était sur le point de donner une représentation. Selon les théories racistes de l'époque, les « Pygmées » étaient considérés comme le stade le plus bas de l'évolution humaine, plus proche du singe que de l'homme. Ces « hommes-animaux », déjà exposés dans d'autres foires et zoos humains, suscitaient certainement un intérêt croissant auprès des foules en quête de curiosité. Cette fois, l'exposition n'eut pas lieu dans une « simple » foire, car elle avait reçu l'approbation de la communauté scientifique de l'époque. Avec le soutien de Grant et de la WCS, un homme « pygmée » (du peuple mbuti) connu sous le nom d'Ota Benga, originaire de la colonie belge du bassin du Congo et acheté sur le marché aux esclaves, fut amené au zoo de New York. Il resta un temps dans la cage des singes, jonchée d'ossements pour évoquer le cannibalisme. Plus tard, il fut libéré pour être poursuivi dans le zoo, tandis que les visiteurs le frappaient dans les côtes, le faisaient trébucher et se

---

[39] L'histoire d'amour entre la WCS et Roosevelt se poursuit encore de nos jours. L'association accorde un prix appelé Theodore Roosevelt Award for Conservation Leadership aux « chefs d'État qui se sont distingués par leur travail en faveur de la conservation des espèces et des espaces naturels. Il suit la tradition entreprise par le président Theodore Roosevelt il y a plus d'un siècle en tant qu'amoureux de la nature et pionnier de la conservation aux États-Unis », 2017 : https://newsroom.wcs.org/News-Releases/articleType/ArticleView/articleId/10125/WCS-Presents-the-Theodore-Roosevelt-Award-for-Conservation-Leadership-to-Gabons-President-Ali-Bongo-Ondimba.aspx (traduit par nos soins).

moquaient de lui. Il réagit à cet abus en décochant une flèche et fut donc à nouveau enfermé dans la cage. Avec le temps, et grâce aux critiques du clergé et des ministres du culte noirs, il fut libéré. Seulement dix ans plus tard, il mit fin à ses jours, se suicidant par balle[40].

Il a fallu 114 ans à la WCS pour s'excuser d'avoir enfermé Ota Benga dans une cage. L'organisation continue néanmoins de soutenir des aires protégées et des écogardes qui expulsent, torturent, violent et tuent les populations autochtones[41].

---

[40] Pour en savoir plus sur l'histoire d'Ota Benga, vous pouvez regarder le documentaire *Human Zoos* du réalisateur John West : https://humanzoos.org/
[41] Par exemple le parc de Kahuzi-Biega, en République démocratique du Congo. Voir le rapport de l'ONG Minority Rights Group, *Purger la forêt par la force : Violence organisée contre les Batwa dans le Parc National Kahuzi-Biega*, 2022 : https://minorityrights.org/programmes/library/pnkb/

Le troisième mythe

Nous savons mieux que vous

Avant de partir, nous préparons soigneusement nos sacs à dos : nous emportons une bouteille d'eau minérale, des provisions en cas de faim (barres céréales et autres snacks), un couteau (parce qu'on ne sait jamais), un pull (au cas où il ferait trop froid) et des mouchoirs en papier. Nous laçons nos chaussures achetées à Décathlon spécialement pour la randonnée. Nous y avons également acheté des leggings pour mieux marcher et une chemise anti-sueur (de la marque Quechua). Nous montons dans la voiture *made in France* et saisissons dans Google Maps le nom de la forêt vers laquelle nous nous dirigeons. Google nous indique 50 minutes par l'autoroute. Nous arrivons sur le parking de la forêt en question, dans une région française, où d'autres voitures (pas toutes fabriquées en France, hélas) sont déjà garées. Les gens montent et descendent des véhicules, beaucoup d'entre eux portant les mêmes chaussures et vêtements Quechua (d'autres ont une préférence pour la marque The North Face). Des panneaux indiquent les différents parcours (facile, intermédiaire, difficile) et informent les randonneurs que d'autres panneaux, avec des indications supplémentaires, se trouveront le long des sentiers.

Qu'est-ce que la nature ?

Nous entrons dans la forêt par un sentier spécialement aménagé pour les promeneurs parmi les feuillages multicolores et les beaux arbres, dont certains sont marqués de symboles peints sur leur tronc que seuls les randonneurs aguerris connaissent et peuvent déchiffrer : ce sont des indications pour ne pas se perdre. Nous grimpons des heures durant et arrivons au sommet, où un mirador avec des sièges en bois nous attend pour nous permettre de nous reposer. Nous nous asseyons, mangeons notre casse-croûte, buvons notre eau potable. Puis nous redescendons. Nous retournons au parking, récupérons la voiture et retournons en ville. Au travail, le lundi, quand nous parlons de ce que nous avons fait pendant le week-end, nous dirons : « Je suis allée en forêt : j'avais besoin d'être dehors et de me ressourcer dans la nature. »

Au commencement étaient les vaches

« Tu entends ce bruit ? » me demande Elia, un Massaï qui a décidé de traverser avec moi la zone de conservation du Ngorongoro (Ngorongoro Conservation Area – NCA). Cette aire protégée du nord de la Tanzanie, qui fait partie de l'écosystème du Serengeti, est classée au patrimoine mondial et célèbre pour son extraordinaire cratère volcanique. Le silence infini des plaines est interrompu par la danse incessante des cloches se balançant au cou des vaches. « Oui, je réponds, ce sont les vaches. » « Oui. Mais entends-tu comment elles font ? » rétorque-t-il. « C'est pour cette raison que cet endroit s'appelle Ngorongoro, parce que c'est le son que font les cloches des vaches : *ngoron, goro, ngoron, goro.* » Au cours de mon séjour, j'ai entendu plusieurs histoires sur l'étymologie de ce toponyme, mais c'est cette histoire en particulier qui m'a le plus étonnée à l'époque, car elle reflétait la relation profonde des éleveurs massaï avec leur bétail.

Je dois mener quelques interviews, mais il pleut beaucoup ce jour-là et reprendre la route est hors de question. Tout semble délavé sauf les vêtements des Massaï. Le rouge de leurs tuniques se détache sur la grisaille des nuages, comme une flamme. De l'intérieur d'une *boma*, comme ils appellent leurs maisons faites de bouse de vache et de feuillage, je regarde dehors, inquiète. À l'intérieur, tout va bien : sur le feu placé au centre de la petite habitation, le lait de vache que nous nous apprêtons à boire avec le thé est en train de chauffer. La pluie a ruiné mes plans, mais, pour les Massaï, il s'agit d'un miracle divin : la pluie irrigue la terre, permet à la prairie de pousser et donc à leurs vaches de manger et de s'abreuver. Et les vaches fournissent tout ce dont les Massaï ont besoin : nourriture, matériaux pour l'habitation, cadeaux pour les mariages (l'homme offre des vaches en dot à la famille de la mariée). Autour du feu, les Massaï parlent de bétail (toujours !), du nombre de vaches qu'ils ont perdues à cause du changement climatique et de la longue et dramatique sécheresse qui semble enfin toucher à sa fin. Je regarde autour de moi et les interromps pour poser des questions. À un moment, je vois que dans la *boma* se trouve une sorte de petite « pièce » séparée du reste et je pense que c'est pour les enfants. Les Massaï rient : « Non, nous laissons une partie de la maison aux veaux afin de les protéger des prédateurs nocturnes. » Pendant que nous attendons une accalmie de la pluie pour pouvoir continuer notre voyage, deux jeeps arrivent au village. Les touristes (des Blancs) descendent visiter le village et certains Massaï exécutent leur célèbre « danse du saut ». Les touristes sourient et applaudissent, mais les Massaï assis dans la *boma* avec moi baissent la tête. Les Massaï aiment les vaches. Les touristes, semble-t-il, ne les aiment pas du tout.

« L'argent des touristes est un poison pour nous. Cela nous tue », dit un homme massaï. Nous regardons dehors et les touristes ont l'air heureux, échangent des mots avec les Massaï, prennent des photos. De parfaits innocents. « Les touristes sont des gens bien, mais leur argent ne l'est pas. Le gouvernement veut nous expulser parce qu'il veut gagner plus d'argent avec le tourisme, il veut juste construire des hôtels sur nos terres. Ils disent que les touristes n'aiment pas nos animaux, qu'ils ne veulent voir que des animaux sauvages et que nos vaches réduisent la brousse, provoquent l'assèchement des terres et détruisent l'environnement. Les touristes ne le savent pas, mais l'argent qu'ils dépensent ici, c'est l'argent qui nous combat. »

Les 8 292 kilomètres carrés du Ngorongoro – où vivent quelque 90 000 Massaï[42] et leur bétail – ont attiré 725 535 touristes en 2019, ce qui en fait la zone de conservation la plus visitée de la Tanzanie, davantage encore que le célèbre parc du Serengeti. Et comment en vouloir aux visiteurs ? Le cratère du Ngorongoro est la plus grande caldeira volcanique inactive du monde et abriterait la plus grande concentration d'animaux sauvages d'Afrique. La plaine verdoyante, entourée de collines, regorge d'une faune comprenant rhinocéros, éléphants, zèbres, girafes, buffles et lions. C'est un zoo à ciel ouvert pour de nombreux Allemands, Français, Américains et des personnes d'autres nationalités. Les avis laissés par les touristes sur Tripadvisor montrent leur déception de ne pas avoir pu apercevoir de lions ou bien leur chance d'y être parvenus ; ils y donnent des conseils pour repérer des rhinocéros ou des léopards, ou encore se plaignent du prix d'entrée dans le cratère. Il est intéressant de noter que certains parlent de ce lieu comme d'une « véritable arche de Noé », un endroit où l'on peut voir des animaux qui ont été « sauvés » de la destruction environnante. Ce que les commentaires sur Tripadvisor ne nous disent pas, cependant, c'est que notre « zoo » était – et qu'il est toujours – la maison de quelqu'un.

Les Massaï considèrent les touristes qui arrivent chez eux comme la dernière pièce d'un puzzle dont les contours nous sont

---

[42] Selon différentes sources, les chiffres pourraient varier entre 90 000 et 120 000 personnes.

désormais familiers. Une grande partie des familles qui vivent aujourd'hui dans la zone de conservation et la région adjacente de Loliondo furent expulsées par le gouvernement colonial britannique en 1959 afin de consolider le parc national du Serengeti. À l'époque, les Britanniques avaient exclu la région du Ngorongoro du parc et promis aux Massaï que, s'ils acceptaient de quitter le Serengeti, leurs droits ne seraient plus remis en question. Mais en 1975 déjà, le gouvernement indépendant du pays désormais nommé Tanzanie viola cet accord, notamment influencé par les propos des « experts » occidentaux de la conservation : les Massaï furent expulsés du cratère, un lieu non seulement important pour les sources d'eau et les minéraux nutritifs (comme les dépôts de sel) nécessaires à leurs vaches, mais aussi sacré pour eux. Jusque-là, cependant, rien d'anormal. Nous l'avons vu dans le chapitre précédent : les colonisateurs pensent que la nature africaine est « sauvage » et belle, que les « primitifs » finiront par la détruire, et créent donc des « aires protégées » dont ils interdisent l'accès à la population locale.

Un aîné massaï se souvient bien de l'expulsion de 1959 : « Ils nous ont dit que, parce qu'ils voulaient faire de la conservation, nous devions déménager à Ngorongoro. Ils nous ont dit que nous n'aurions plus à payer d'impôts au gouvernement, que Ngorongoro serait notre terre pour toujours, que personne ne nous gênerait jamais et que, pendant la saison sèche, nous pourrions utiliser le Serengeti. C'était l'accord, mais ce n'était pas vrai. » L'histoire ne s'arrête pas là. Depuis lors, les Massaï résidant à Ngorongoro vivent avec une épée de Damoclès au-dessus de leur tête. Le foyer des Massaï est devenu « un patrimoine mondial » en 1979 et une destination touristique majeure dans les années 1960. Aux autorités tanzaniennes et internationales, aux conservationnistes et à de nombreux touristes, cela semble incompatible avec le mode de vie des Massaï. Pendant la colonisation, ils avaient dû quitter leurs terres parce qu'ils étaient considérés comme « primitifs » ; maintenant il semble qu'eux et leurs vaches soient « de trop ». En mars 2019, une mission de suivi conjointe du Centre du patrimoine mondial (CPM) de l'UNESCO, de l'Union internationale pour la conservation de la nature (UICN) et du Conseil international des monuments et des sites (ICOMOS) demande au gouvernement tanzanien d'intervenir de toute urgence pour contrôler la croissance de la population et du bétail dans la zone de conservation (NCA)[43]. Le gouvernement commence alors à préparer l'expulsion des Massaï. Après tout, comme l'UNESCO et d'autres le remarquent presque cyniquement lors d'une consultation sur le sujet, « la relocalisation des Massaï dans la NCA ne sera pas un événement nouveau en Tanzanie[44] ».

Les Massaï le savent bien, c'est l'histoire qui se répète : « Depuis des temps immémoriaux, nous vivons avec les animaux sauvages. À cette époque, les Britanniques sont venus nous dire qu'ils devaient sauver les animaux et que nous devions partir. Les Massaï ont signé un accord et accepté de s'installer à Ngorongoro, mais ils n'ont rien accepté en réalité, car ils ne savaient pas lire. Nous avons perdu notre grande terre, le Serengeti. Aujourd'hui, le gouvernement répète qu'il veut nous déplacer à cause de la

---

[43] Moukala, E., Taruvinga, P., Zulu, T, *Report on the Joint WHC/ICOMOS/IUCN Mission to Ngorongoro Conservation Area*, United Republic of Tanzania. UNESCO World Heritage Centre, International Council on Monuments and Sites (ICOMOS), International Union for the Conservation of Nature (IUCN), 2019.
[44] *The Multiple Land Use Model of Ngorongoro Conservation Area: Achievements and Lessons Learnt, Challenges and Options for the Future*, Ministry of Natural Resources and Tourism, United Republic of Tanzania, 2019 (traduit par nos soins).

surpopulation de personnes, de vaches et de *bomas*, mais, pour nous, la nature est un mélange de personnes et d'animaux. » Les Massaï et leurs vaches sont-ils vraiment « de trop » ? Et pourquoi cela devrait-il nous concerner ? Comment se fait-il que la maison des Massaï soit devenue « notre arche de Noé », au sujet de laquelle nous et nos institutions avons notre mot à dire ? Et quel rôle jouent les touristes ?

En regardant autour de moi, l'extraordinaire beauté du lieu semble indéniable. Le simple fait de voir les vaches, les Massaï, les girafes et les zèbres réunis dans la solitude des plaines donne des frissons. Mais ce sentiment ne dure que trois secondes au maximum, car des jeeps remplies de touristes nous dépassent rapidement, effrayant les animaux sur leur passage. L'homme massaï qui fait justement paître ses vaches à cet endroit lève les yeux pour suivre les voitures qui disparaissent à l'horizon. Que signifie « site du patrimoine mondial », je me demande à ce moment-là ? Cette terre appartient-elle réellement à tous ? Avons-nous le droit ? Qui a décidé cela ? Et qu'est-ce que cela signifie pour ceux qui y vivent ?

Comme s'il pouvait entendre mes pensées, Elia me dit : « Maintenant, nous vivons dans l'incertitude. Je voulais acheter deux vaches, mais ma mère m'a dit : "Pourquoi ?" Quelqu'un au parlement a dit qu'ils allaient venir avec un char d'assaut et nous emmener. Nous ne savons plus ce qui se passera demain. Nous ne pouvons plus vivre comme ça. Si nous devons mourir demain, nous voulons savoir quelle sera la fin. Mais comme ça, en nous demandant toujours ce qui va se passer demain, nous ne pouvons pas. »

En circulant à l'intérieur de la NCA, nous passons devant quelques lodges et hôtels. Ils paraissent gigantesques et somptueux comparés aux petites et humbles maisons des Massaï. Pourtant, leurs propriétaires, eux, ne sont pas menacés d'expulsion. Le cratère est impossible à voir d'où nous nous trouvons : les touristes nous cachent la vue pendant qu'ils prennent des selfies. Elia, cependant, ne semble pas intéressé par le cratère. Il arrête la voiture à côté de ce qui ressemble à une sorte de mémorial. Une pyramide de pierre à deux dalles imbriquées se dresse près du portail d'entrée et de sortie de la NCA. « Pour que tous les touristes puissent le voir », ajoute-t-il. La première dalle indique : « Professeur Bernhard Grzimek 1909-1987. Une vie à se soucier des animaux sauvages et de leur place sur notre planète. Il vaut mieux allumer une bougie que de maudire l'obscurité. » Sur la seconde : « Michael Grzimek 12.6.1934 – 10.1.1959. Il a donné tout ce qu'il possédait, y compris sa vie, pour les animaux sauvages d'Afrique. »

Les cendres des Grzimek père et fils y reposent, me dit-on. C'est à eux, et non aux Massaï, que les autorités tanzaniennes ont décidé de rendre hommage pour leur rôle dans la conservation de la nature à Ngorongoro. Le Massaï en colère note : « Nous devons voir cela tous les jours, chaque fois que nous entrons et sortons de notre maison. » Je demande : « Mais qui étaient ces deux personnes ? » Il me répond : « Les ennemis numéro un des Massaï. »

Noé lui-même, et son fils.

Ceux qui savent

Essayons de remonter jusqu'en 1961. Nous nous trouvons tout près de Ngorongoro, à Arusha, une ville du nord de la Tanzanie. Comme nous l'avons vu, en septembre de cette année-là, 185 experts de 26 pays se sont réunis là-bas pour faire face à la catastrophe imminente[45] : l'impact de la décolonisation sur la « nature sauvage » ou comment sauver les Africains d'eux-mêmes. Parmi ces experts figurait Julian Huxley, un eugéniste et biologiste anglais, premier directeur de l'UNESCO, qui allait devenir l'un des fondateurs du WWF. Nous avons également vu que la naissance de ce fonds pour la nature à la fin de la conférence commence à préfigurer le rôle spécifique des organisations internationales de conservation dans les années à venir : fournir une expertise technique dans la planification et la gestion des zones de conservation dans toute l'Afrique afin de perpétuer la domination européenne sur la nature africaine.

Le mythe du « primitif » commence donc à acquérir de nouveaux contours dans le contexte des indépendances africaines. En laissant de côté les préjugés d'hier, certains dirigeants africains « éclairés » peuvent bien être des alliés des anciennes puissances coloniales pour protéger la nature, mais ils ont toujours besoin de leurs anciens colonisateurs, car – troisième mythe – « nous savons mieux que les autres ». Ce mythe trouve sa place à cette époque dans les propos de Julius Nyerere, Premier ministre du Tanganyika[46],

---

[45] Ian Michael Wright, Arusha Wildlife Conference, « Lettre à Richard H. Nolte », Institute of Current World Affairs, ICWA archives en ligne, 1961 : http://www.icwa.org/wp-content/uploads/2015/10/IMW-6.pdf (traduit par nos soins). Le nom officiel de la conférence était : Pan African Symposium on the Conservation of Nature and Natural Resources in Modern African States. Selon d'autres sources, la conférence aurait réuni 140 participants de 21 pays africains et de 6 pays non africains.
[46] Le Tanganyika (aujourd'hui la partie continentale de la Tanzanie) allait devenir indépendant quelques mois plus tard, en décembre 1961.

convaincu de cela, semble-t-il, par les conservationnistes comme Huxley et par notre Noé, et pensant agir dans l'intérêt de son propre projet gouvernemental. Son discours, qui restera dans l'histoire comme le « Manifeste d'Arusha », marque pour beaucoup une nouvelle ère pour la conservation de l'Afrique.

> La survie de la faune sauvage est un sujet de grande préoccupation pour nous tous en Afrique. Ces animaux sauvages et les espaces naturels qu'ils habitent ne sont pas seulement une importante source d'admiration et d'inspiration, mais ils sont aussi une partie intégrante de nos ressources naturelles, de nos futurs moyens de subsistance et de notre bien-être. En acceptant la tutelle de notre faune, nous déclarons solennellement que nous ferons tout ce qui est en notre pouvoir pour nous assurer que les petits-enfants de nos enfants soient en mesure de profiter de cet héritage riche et précieux. La conservation de la faune et des espaces naturels nécessite des connaissances spécialisées, du personnel qualifié et de l'argent, et nous nous tournons vers d'autres nations pour coopérer avec nous dans cette tâche importante dont la réussite ou l'échec affectera non seulement le continent africain, mais également le reste du monde[47].

Selon les comptes rendus de l'époque, Julian Huxley aurait déclaré : « Il s'agit d'une étape importante pour l'Afrique, pour le monde entier et pour la conservation de la nature. »[48] Une chose très intéressante se dessine déjà ici. Selon les mots du biologiste britannique et du dirigeant africain, la conservation de la nature ne concerne pas seulement l'Afrique, mais le reste du monde. Si les puissances européennes veulent continuer à exercer une

---

[47] Ian Michael Wright, Arusha Wildlife Conference, « Lettre à Richard H. Nolte », Institute of Current World Affairs, ICWA archives en ligne, 1961 : http://www.icwa.org/wp-content/uploads/2015/10/IMW-6.pdf (traduit par nos soins).
[48] *Ibid.* (traduit par nos soins).

sorte de contrôle sur la nature africaine, les « experts » doivent convaincre tous les dirigeants africains, comme ils l'ont fait avec Nyerere, d'une chose : au-delà de leurs légitimes revendications de souveraineté nationale, la « nature africaine » est un patrimoine qui appartient à tous et nous devons la protéger, grâce aux experts occidentaux, dans notre intérêt à tous. Nyerere lui-même parle du nouveau rôle des Africains, comme du fait d'avoir accepté la « tutelle » de la vie sauvage, comme si cette vie sauvage n'appartenait pas aux Africains, mais leur avait été accordée.

Cependant, les anciens colonisateurs, devenus experts, ont un petit problème : les aires protégées étant, comme nous l'avons vu, un outil central du colonialisme et la figure du chasseur blanc un symbole de l'impérialisme, comment convaincre les dirigeants africains de perpétuer ce type de modèle de protection de la nature maintenant qu'ils sont indépendants ? L'une des personnes présentes à cette conférence avait une idée très précise de la manière de s'y prendre. Peu de gens l'auront remarqué, mais, selon les comptes rendus de l'époque, interrompant l'enthousiasme général qui dominait les journées à Arusha, un certain Dr Grzimek aurait déclaré : « Les Massaï ont tué l'un des quatre rhinocéros restants dans le cratère du Ngorongoro le lendemain de la signature du manifeste d'Arusha, comme s'ils avaient voulu montrer à quel point ils s'en fichaient. » Ce rabat-joie n'était autre que le célèbre réalisateur du film *Le Serengeti ne mourra pas* (*Serengeti darf nicht sterben*[49]) et directeur de la Société zoologique de Francfort (FZS), une association allemande fondée en 1858 pour gérer le zoo de Francfort et qui, depuis les années 1950, se consacre à la « pré-

---

[49] Bernhard Grzimek and Michael Grzimek, *Serengeti darf nicht sterben*, 1959.

servation de la vie sauvage et de la biodiversité ». Grzimek, qui ne manquait jamais une occasion de répéter comment, à son avis, les Massaï détruisaient l'écosystème, n'était pas un homme comme les autres. Considéré par certains comme le « père de la conservation en Afrique », il serait difficile de résumer en un seul paragraphe qui était ce vétérinaire allemand. Nous pouvons dire qu'il a assurément été un nazi (bien qu'il l'ait nié toute sa vie), comme l'a découvert l'une de mes collègues en enquêtant dans les archives fédérales allemandes : membre de la NSDAP (*Nationalsozialistische Deutsche Arbeiterpartei*)[50], mais aussi de la SA (*Sturmabteilung*)[51], le premier groupe paramilitaire du parti nazi et, à une occasion au moins, vétérinaire d'Hitler. Fréquentant les hautes personnalités du parti nazi, pour le film *Tiefland* – « un projet de rêve commun à Hitler et Riefenstahl » – Grzimek a dressé des loups à la demande de Leni Riefenstahl, la plus importante réalisatrice de la propagande nazie. Plus de 100 Sinti et Roms furent recrutés de force pour le film et nombre d'entre eux furent ensuite exécutés à Auschwitz[52]. Il était également un fervent défenseur de la nature, devenant directeur du zoo de Francfort et président de la FZS (poste qu'il occupa pendant environ quarante ans). Mais Grzimek est surtout connu dans son pays, l'Allemagne, comme le sympathique ami des bêtes présentant l'émission télévisée

---

[50] Thomas M. Lekan, *Our Gigantic Zoo. A German Quest to Save the Serengeti*, Oxford University Press, 2019, p. 33.
[51] Questionnaire du 25 février 1938 conservé au Bundesarchiv (archives fédérales allemandes), dossier personnel détenu par le ministère du Reich pour l'alimentation et l'agriculture ; (R3601/5103), 1937-1944, Grzimek, Dr. Bernhard, S. 2.
[52] Thomas M. Lekan, *Our Gigantic Zoo. A German Quest to Save the Serengeti*, Oxford University Press, 2019, p. 31.

« Une place pour les animaux », dans laquelle il apparaît parfois accompagné d'animaux exotiques. Peu connu en dehors de son pays, Grzimek représente pourtant l'exemple le plus clair de la nouvelle conservation postcoloniale : une conservation qui a pour visage les « experts scientifiques » (c'est-à-dire les sauveurs blancs) et pour outil les touristes, et non plus les chasseurs de proies blancs. Certes il s'agit d'un nouveau modèle de conservation, mais il n'en demeure pas moins fortement raciste.

Grzimek savait très bien que, pour convaincre les Africains de protéger leur héritage naturel, les mots ne suffisaient pas. C'est ainsi que le zoologiste allemand identifia l'argent potentiel du tourisme comme la « carotte » parfaite dont les dirigeants africains avaient besoin. L'amélioration des transports et le boom économique de l'après-guerre étaient en train de jeter les bases d'un tourisme de masse potentiel, qui pourrait être exploité pour sauver la nature africaine des Africains eux-mêmes. Cette idée fut adoptée lors de la conférence d'Arusha, où plusieurs experts firent remarquer qu'en Afrique « les animaux sauvages représentaient la plus grande attraction ».

Ainsi, dans l'idée de l'époque, l'argent du tourisme deviendrait l'incitation parfaite pour aider les États africains à sauver la nature. Le tourisme et la conservation deviendraient des alliés : plus les gens viendraient visiter les parcs naturels, plus les États africains auraient d'argent pour protéger leurs parcs (et la motivation pour le faire). Encore « une idée du siècle », qui tourne comme toujours autour du sauveur blanc. Mais comment convaincre les Européens de partir en vacances en Afrique ? Et c'est là que Grzimek montre sa maestria. Le professeur Thomas Lekan raconte dans son livre *Our Gigantic Zoo*[53] (Notre zoo géant) comment Grzimek exhorta ses 35 millions de téléspectateurs, lors de la diffusion de son programme télévisé, à réserver un voyage de trois semaines au Tanganyika pour environ 2 100 marks allemands (l'équivalent de 1 114 dollars américains aujourd'hui) afin de voir en direct les nombreux animaux qu'il montrait dans son émission. Inutile de préciser que les agences de voyages allemandes furent inondées de demandes.

Grzimek est peut-être l'un des premiers à avoir perfectionné l'art de vendre la « nature » aux touristes grâce aux images et à les avoir convaincus que prendre l'avion pour voir des animaux exotiques était une mission salvatrice. Son idée est toujours d'actualité : les gens ordinaires peuvent sauver la nature en la consommant. Il y a quelques jours, alors que j'étais occupée à écrire ce livre, un journaliste m'a dit qu'en partant en vacances dans un parc naturel à Madagascar, il pensait contribuer à sauver les animaux. Mais est-ce vraiment le cas ? D'où vient cette conviction, l'idée que c'est toujours nous, les Blancs, qui pouvons et devons sauver le monde ? Pour comprendre les racines de cette idée, nous pouvons remonter à Grzimek (bien qu'il ne soit pas le seul représentant de l'« aptitude du sauveur blanc »). Son film *Le Serengeti ne mourra pas* (1959), réalisé avec son fils Michael (qui mourra dans un accident d'avion pendant le tournage du film, devenant ainsi un martyr de la conservation) avant la conférence d'Arusha et lauréat de l'Oscar du meilleur documentaire en 1960, est une pièce essentielle à cet égard, ayant convaincu des millions de personnes

---

[53] Thomas M. Lekan, *Our Gigantic Zoo. A German Quest to Save the Serengeti*, Oxford University Press, 2019, p. 1.

de la beauté « sauvage » du Serengeti et de la nécessité d'agir pour le sauver. Mais, comme pendant l'époque coloniale, la question à se poser est : de qui faut-il le sauver ? Et quelle « nature » Grzimek a-t-il mise en avant dans son documentaire ?

Noé était allemand

« Le Serengeti n'est pas une terre de pâturage. »[54] C'est précisément ce que juge le rapport annuel 2019 de la Société zoologique de Francfort. « L'icône » du Serengeti, comme ils l'appellent et qu'ils ont contribué à créer, émerge à l'horizon telle une promesse. La photo illustrant le parc dans le rapport nous montre (dans un espace dépourvu d'humains) des zèbres, des gnous et des antilopes se promenant ou buvant de l'eau sans être dérangés. Cependant, les habitants doivent manifestement penser autrement, car la FZS nous apprend qu'une partie de ses fonds « a été obtenue pour une deuxième équipe d'application de la loi sur le bétail » :

> Ces deux équipes utilisent des motos tout-terrain, ce qui leur permet de couvrir rapidement de vastes zones, y compris des zones peu accessibles par la route [...] Les équipes parcourent des zones à haut risque à la recherche de signes d'incursion du bétail, souvent en collaboration avec un avion. Le bétail trouvé dans le parc est confisqué jusqu'à ce que les contrevenants paient des amendes, calculées par tête de bétail, aux autorités du parc. Grâce à ces efforts, la présence de campements d'éleveurs pastoraux dans le Serengeti a été presque totalement stoppée et les éleveurs entrent désormais rarement dans

---

[54] Frankfurt Zoological Society, *Mission: Wilderness*, Rapport annuel, 2019 (traduit par nos soins).

le parc avec leur bétail pendant la journée. Cependant, il semble que les personnes introduisant illégalement du bétail dans le parc aient changé leur mode opératoire, entrant à la faveur de l'obscurité. Des projets sont en cours afin de permettre aux unités de contrôle du bétail d'opérer de nuit à l'aide de lunettes de vision nocturne et d'un « véhicule ouvert » construit sur mesure[55].

Lorsque j'essaie de lire ce paragraphe à un aîné massaï, je me sens ridicule. Le langage policier (presque guerrier) qui est utilisé pour décrire la persécution des éleveurs pastoraux est tragicomique. Depuis quand le pâturage est-il un crime ? Mais j'essaie de me ressaisir et de lire à voix haute. Le Massaï, que j'appellerai Jan, a au moins 70 ans. Il vit à Loliondo, une zone adjacente à la NCA, où, comme je l'ai déjà mentionné, vivent aujourd'hui de nombreux Massaï expulsés du Serengeti et d'où les éleveurs risquent d'être à nouveau expulsés au nom de la conservation et de la chasse exclusive aux trophées. Il me regarde droit dans les yeux. Pendant que mon traducteur explique, il bouge la tête. Il veut parler. Ce qu'il dit est simple : « Depuis qu'ils nous ont fait partir, nous avons perdu des choses très importantes, nous avons perdu le Serengeti, une très bonne terre pour le pâturage. Je l'aimais. » Pour les Massaï, le Serengeti n'est pas une destination touristique, mais une grande perte. Une perte qui se perpétue éternellement à chaque tentative de les expulser de la NCA et de Loliondo.

Lorsque j'essaie de comprendre à quel moment son mode de vie s'est transformé en crime et pourquoi ils sont expulsés, Jan ne cille pas. « De tous nos ennemis dans ce monde, la Société zoologique de Francfort est l'ennemi numéro un, car elle est respon-

---

[55] *Ibidem.*

sable de toutes les expulsions de Massaï depuis la création du parc du Serengeti. Même ce qui se passe maintenant à Ngorongoro ou à Loliondo, c'est de leur faute. Au moment des expulsions du Serengeti, nous pensions que c'était le gouvernement qui avait pris la décision, mais nous savons maintenant que c'était Francfort. Ils sont venus avec leurs idées et leur argent. »

Ces mots m'ont donné matière à réflexion. La FZS finance de nombreux projets de conservation en Tanzanie (notamment dans le Serengeti) qui visent à séparer les peuples autochtones de leur terre (et à criminaliser leur mode de vie). Mais ce sont les Britanniques qui ont expulsé les Massaï du Serengeti. Et aujourd'hui, nous savons que le lobby pour l'expulsion des Massaï à Loliondo est mené par une société émiratie (Otterlo Business Corporation) qui organise des voyages de chasse pour la famille royale de Dubaï et pour qui les Massaï et leurs vaches sont une « nuisance ». Idem pour la NCA : le véritable décisionnaire derrière les expulsions semble être le gouvernement tanzanien en quête de touristes, appuyé par l'UNESCO et les autres institutions internationales qui ne cessent de souligner que les Massaï et leurs vaches sont trop nombreux et finiront par épuiser les ressources de l'écosystème – un écosystème qui, à leurs yeux, ne devrait être composé que d'animaux sauvages.

Alors, quel est le lien avec la FZS ? Il se passe un certain temps avant que je réalise à quoi l'aîné massaï faisait référence. En étudiant l'histoire du Serengeti, j'apprends que, pendant la colonisation britannique, Grzimek, alors directeur de la FZS, a joué un rôle crucial dans la diffusion de l'idée selon laquelle, pour protéger cet écosystème, il fallait expulser les Massaï (une idée que tous les Britanniques ne partageaient pas). Mais, au-delà de l'histoire, je pense que c'est son film *Le Serengeti ne mourra pas*, et les idées et les images qu'il véhicule – reproduites aujourd'hui par la FZS – qui, sur le long terme, ont les conséquences les plus néfastes pour les Massaï.

À un moment de l'histoire, la terre des Massaï est devenue « nôtre » : quelque chose qui nous concerne tous, notre rêve de vacances, l'endroit idéal pour chasser ou faire un safari et voir les *Big Five* – lions, léopards, éléphants, rhinocéros et buffles. Et, en tant que tels, nous avons tous quelque chose à dire à son sujet. Grâce au tourisme de masse et à la possibilité de voyager et de voir la nature « sauvage », la « conservation » de la nature ne sera plus seulement une nécessité pour les chasseurs en quête de proies ou les colonisateurs racistes, mais un impératif pour tous ceux qui sont en quête d'exotisme : les animaux doivent être protégés pour que nous puissions les voir, et ils seront protégés parce que nous payons pour les voir. Ce moment précis s'est produit à la fin des années 1950 à Francfort.

Mettons-nous dans l'esprit de l'époque. Nous sommes au lendemain de la Seconde Guerre mondiale : le monde traverse les luttes de décolonisation et la guerre froide (avec la peur de la bombe atomique) s'installe partout. L'Allemagne vient de laisser le nazisme derrière elle. Personne n'a envie de parler politique. Maintenant fermez les yeux : vous vous trouvez dans un petit avion peint à l'image d'un zèbre (rayé noir et blanc), volant assez bas au-dessus de l'immensité des plaines du Serengeti. Voilà. Arrêtez-vous. Maintenant, vous voyez des flamants roses qui volent dans votre direction. Et puis un troupeau de zèbres, courant librement, nul ne sait où. Et plus loin, les gnous courent eux aussi et peuvent être suivis du regard. Il n'y a rien de mal à cela, n'est-ce pas ? Nous pouvons oublier les divisions politiques, religieuses et autres. Oublier le monde. Monter dans un bateau, comme Noé, pour sauver les animaux : laisser le déluge derrière nous. C'est presque comme regarder l'Acropole à Athènes, n'est-ce pas ? Une beauté intemporelle qui nous unit tous en tant qu'êtres humains et qui sera toujours là. Selon Grzimek lui-même, Hitler sera oublié, « seule la nature est éternelle »[56].

Dans son film, en partie filmé depuis un avion (le « zèbre volant »), la nature nous est présentée d'un point de vue aérien quasi permanent. Le développement technologique de l'époque nous permet de concevoir la nature comme un objet, quelque chose que nous pouvons appréhender dans sa totalité, un point de vue qui, nous en convenons, est très différent de celui des personnes qui y vivent. Aujourd'hui, nous sommes habitués à ce genre d'images. Prenons un instant pour y réfléchir. De nombreux documentaires du *National Geographic*, par exemple, utilisent des drones pour nous montrer des forêts ou des savanes vues d'en haut, presque comme s'il s'agissait d'espaces coupés du reste du monde ou homogènes. Ou bien la caméra se concentre sur de petits insectes ou de grands mammifères, qui sont également perçus comme étant séparés du reste. La présence humaine (même celle du cadreur) est cachée ou considérée comme une intrusion. Combien d'entre nous ont pensé en regardant ces images « Ah, comme c'est beau ! Des espaces sauvages où il n'y a personne. J'aimerais tant y aller » ? Cependant, cette vision de la nature par le biais de la technique (photo ou film) n'est pas « neutre » ou

---

[56] Thomas M. Lekan, *Our Gigantic Zoo. A German Quest to Save the Serengeti*, Oxford University Press, 2019, p. 138.

« scientifique ». Ce n'est pas le cas aujourd'hui et cela ne l'était pas non plus à l'époque de Grzimek.

Grzimek décrit le Serengeti et le Ngorongoro comme « notre zoo géant », selon les mots de l'historien Lekan, « créé par Dieu pour maintenir les animaux dans des cycles autorégulés de pluie, de dessiccation, de prédation et de renaissance, à condition que les humains, y compris les éleveurs pastoraux et les « braconniers », ne s'en mêlent pas »[57]. En réalité, lorsque Grzimek arrive pour filmer le Serengeti, non seulement cette terre avait déjà été marquée par plusieurs conflits coloniaux, habitée par des colons allemands (qui voulaient la cultiver), « étudiée » et déjà « protégée » sous différentes catégories par les Britanniques (en conflit avec la population locale), mais évidemment elle avait également été profondément transformée par les Massaï. Pour ceux qui ne connaissent pas la région, il s'agit d'un environnement semi-aride avec des précipitations imprévisibles et des sécheresses fréquentes. Pour s'adapter, le mot d'ordre est la flexibilité. Montrant qu'ils savaient très bien gérer cet environnement, de petits groupes d'hommes massaï d'un certain âge déplaçaient leurs troupeaux depuis des générations en fonction des schémas météorologiques saisonniers qui déterminaient la disponibilité des puits d'eau et des rivières semi-permanentes[58]. Leurs *bomas* (faciles à construire et à détruire) leur permettaient de se déplacer aisément. Leurs camps laissaient des zones riches en nutriments grâce au fumier humain et animal, qui enrichissait le sol et permettait à l'herbe et aux arbres de pousser (dont les Massaï avaient besoin pour se

---

[57] Thomas M. Lekan, *Our Gigantic Zoo. A German Quest to Save the Serengeti*, Oxford University Press, 2019, p. 108 (traduit par nos soins).
[58] *Ibid*, p. 138.

protéger du soleil pendant les pauses). Le professeur Lekan nous explique aussi que :

> [...] pendant la saison des pluies, les Massaï s'étendaient avec leurs troupeaux sur les plaines sans arbres de l'est du Serengeti, évitant les troupeaux de gnous qui pouvaient être porteurs d'une fièvre catarrhale maligne mortelle pour le bétail, et se retiraient dans les forêts des hautes terres bien arrosées ou près des points d'eau de source lorsque le temps devenait plus chaud et plus sec[59].

Plus important encore, les éleveurs pastoraux utilisaient le feu pour encourager la croissance de nouvelles prairies pour le pâturage et éviter la croissance incontrôlée des broussailles qui attiraient les mouches tsé-tsé, ces dernières pouvant transmettre une maladie mortelle pour le bétail et propageant la « maladie du sommeil » chez les humains. Tout cela profita également à la faune et la flore. Les animaux herbivores, tels que les antilopes, pouvaient bénéficier à la fois des prairies fraîches créées par les Massaï et de l'absence de brousse, qui permettait aux prédateurs de mieux se cacher. Et, comme les herbivores étaient les proies des carnivores, toute la chaîne alimentaire en profitait. Pour résumer, le Serengeti n'avait pas besoin de Grzimek pour être ce qu'il était : un écosystème complexe dans lequel les humains, les animaux et les plantes interagissaient.

Pourtant, rien de tout cela ne ressort du documentaire de Grzimek. Au contraire, son objectif central est de nous dire que le Serengeti est une « nature sauvage » en danger, que le pro-

---

[59] Thomas M. Lekan, *Our Gigantic Zoo. A German Quest to Save the Serengeti*, Oxford University Press, 2019, p. 115 (traduit par nos soins).

blème vient des Massaï et des « braconniers », et que nous sommes là pour le sauver (après tout, « nous savons mieux que quiconque »). Grzimek, il convient de le préciser, était vétérinaire et zoologiste ; il ne connaissait pas très bien le Serengeti ni l'Afrique et ses habitants de manière générale. Ses premières visites sur le continent africain remontent au début des années 1950 et avaient pour but d'amener des animaux sauvages au zoo de Francfort. Il s'était, entre autres, aventuré au Congo belge pour capturer et rapporter au zoo un spécimen d'okapi, une espèce rare. Ses observations lors de ce voyage (publiées plus tard dans le best-seller *Pas de place pour les animaux sauvages*[60]), mélange de préjugés, de racisme et de peurs, nous font néanmoins douter de sa capacité à comprendre la réalité complexe du continent africain (humains et animaux inclus). Pourtant, après quelques visites, et sans avoir jamais étudié le pastoralisme ni avoir une connaissance particulière de la région, il s'est autoproclamé « expert » du Serengeti et a lancé une campagne médiatique pour le « sauver ». Le zoologiste allemand nous dit : « Ces Massaï, avec leur bétail, sont la raison pour laquelle nous avons dû apprendre à voler, pourquoi nous avons volé si loin de Francfort jusqu'à traverser l'équateur [...] Un parc national est un morceau de nature sauvage et doit le rester comme aux temps primitifs. Les gens, même les Autochtones, ne devraient pas y vivre. »[61]

En fait, selon le troisième mythe, Grzimek et les colonisateurs britanniques étaient convaincus que, armés de la « science » et de la « technologie », ils pouvaient mieux déterminer com-

---

[60] Bernhard Grzimek, *Kein Platz für wilde Tiere*, Kindler-Erstausgabe (Leinen/OSU), 1954.
[61] Bernhard Grzimek et Michael Grzimek, *Serengeti darf nicht sterben: 367 000 Tiere suchen einen Staat*, Österreich: Ullstein, 1959 (traduit par nos soins).

ment protéger le Serengeti que quiconque. Sans preuves à l'appui, l'idée de base était que les Massaï souffriraient d'un « complexe du bétail », qui les conduirait à une accumulation irrationnelle d'animaux. Les vaches mangeraient toute l'herbe, feraient concurrence aux animaux herbivores sauvages, épuiseraient la « capacité de charge » de l'environnement et finiraient par provoquer des sécheresses. Ces idées nous sont déjà familières : suivant le mythe du primitif, les Massaï seraient responsables du « surpâturage », raison pour laquelle il faudrait créer des parcs naturels auxquels ils n'ont plus accès. Mais les « experts » à l'origine de ces conclusions ont non seulement ignoré le fonctionnement des sociétés pastorales, mais ont également fini, parfois, par créer la situation qu'ils voulaient éviter en premier lieu. Dans certains cas, les éleveurs pastoraux ont été expulsés de leurs terres et les vastes zones dont ils avaient besoin pour faire paître durablement ont été réduites. Confinés à de petits espaces, c'est exactement ce que l'on craignait (et l'une des raisons pour lesquelles les Massaï se déplacent sur de longues distances) qui a fini par se produire : la terre s'est asséchée.

Mais l'aspect le plus intéressant et le plus moderne de Grzimek est peut-être sa tentative de construire une image du Serengeti non seulement en danger, mais également dans lequel nous, les sauveurs blancs (lui et son fils, surtout), jouons un rôle essentiel. C'est lui qui a inventé la phrase qui présente la terre des Massaï comme une « merveille du monde » : à l'égal de l'Acropole grecque, la plaine tanzanienne est quelque chose qui transcende tant notre existence mortelle que notre nationalité et qui exige donc de nous tous un effort pour la sauver. Selon lui, cette terre n'appartiendrait ni aux Massaï ni aux Africains en général, mais à nous, l'humanité, qui avons donc le droit de déterminer son utilisation au nom de ce « bien commun ». Dans une opération médiatique sans précédent, le zoologiste allemand réussit à transformer la terre habitée par les Massaï – qui déjà, à l'époque, étaient en conflit avec les Britanniques concernant le droit d'accès au parc – en un objet hors du temps, menacé certes, mais méritant d'être vu par nous (en tant que touristes) et sauvé par nous (en tant que donateurs et experts). Dans son film, Grzimek parvient à laisser de côté les conséquences de la violence coloniale sur la nature et les humains, ainsi que la question des droits fonciers des habitants locaux. Le monde tel qu'il est, avec ses injustices, n'intéresse pas l'Allemand. Seule la « nature » (et l'image qu'il en donne) mérite notre attention.

Le type de protection de la nature promu par Grzimek est similaire à celui défini par Malcom Ferdinand comme l'écologie de l'arche de Noé[62], un modèle qui envisage la possibilité de protéger les animaux que nous aimons tant en fuyant le monde dans un bateau sans combattre les causes du déluge qui les menacent (et nous menacent également) : en créant des zoos à ciel ouvert (aires protégées) où un sauveur, généralement un homme blanc, peut s'ériger en protecteur d'une « nature sauvage » libre des autres humains et de leurs influences malveillantes. Et ce sans jamais critiquer les structures coloniales, économiques et politiques qui ont causé le déluge et rendu nécessaire la fuite de Noé au départ, et sans jamais questionner les relations de pouvoir et la violence cachées dans la figure du sauveur blanc lui-même.

---

[62] Malcom Ferdinand, *Une écologie décoloniale. Penser l'écologie depuis le monde caribéen*, Seuil, 2019.

C'est dans le cadre de cette tentative d'oublier le monde que Grzimek développe également une série d'idées qui ne sont pas entièrement sans rapport avec son passé nazi. Noé est seul sur le bateau. Contrairement aux colonisateurs, notre Noé allemand sait que la « fin de la nature » n'est pas vraiment due à la chasse excessive des Africains. La fin imminente de la période coloniale fait naître en lui une nouvelle crainte : la surpopulation. Grâce aux vaccins, à l'amélioration des systèmes de santé et à la « modernisation » des nouveaux États indépendants, Grzimek craint que la population africaine n'augmente, ne devienne aussi urbaine que « nous » et ne détruise l'environnement. Dans ce nouvel ensemble de préjugés, les Africains sont toujours responsables de la destruction de la nature, bien sûr ; non pas tant pour avoir trop chassé, mais pour avoir eu trop d'enfants. Dans ce raisonnement, le modèle économique qui se cache derrière la destruction demeurera toujours incontesté. Nous sommes encore dans les années 1950-1960. Mais cette idée de la surpopulation survivra des décennies dans le bagage idéologique des conservationnistes (encore jusqu'à ce jour d'ailleurs, comme vous pourrez le constater en regardant les documentaires de Sir Attenborough, le Grzimek des Britanniques en ce qui concerne du moins l'activité de présentation télévisée d'émissions animalières). Au fil du temps, donc, les Massaï aussi deviendront « de trop ».

Les mathématiques des puissants

« Trop pour qui ? », me demande un jeune homme massaï lorsque nous discutons de la question de la surpopulation avec des leaders autochtones. Je réponds « pour l'UNESCO ». « Et qui est l'UNESCO ? », demande-t-il. « Une institution basée à Paris, où j'habite... ici. » Je désigne un point sur Google Maps. À ma grande surprise, le Massaï sort un ordinateur et ouvre Excel. « Combien y a-t-il d'habitants à Paris ? », demande-t-il. « Je veux dire par kilomètre carré », précise-t-il. Je cherche donc sur Google et je réponds : « 20 544 habitants au kilomètre carré. » Les Massaï rient. Le jeune homme regarde son tableau Excel et dit : « Savez-vous quelle est la densité de population de la NCA ? Environ 12 habitants au kilomètre carré. » Un leader ajoute : « À Zanzibar, une zone plus petite que la NCA, il y a deux millions de personnes, et personne ne leur demande de partir ! » Zanzibar, cependant, n'est pas notre zoo géant. « Et les vaches ? », dis-je. « Ils disent que vos vaches sont trop nombreuses. » Les Massaï répondent à nouveau : « Trop pour qui ? Et comment comptent-ils ? Il est extrêmement difficile de compter le bétail. Où et quand décident-ils de compter le bétail ? » Ils m'expliquent que les Massaï se déplacent constamment en fonction des saisons et que la quantité de bétail peut également être fortement influencée par ce qui se passe pendant la saison ; elle peut augmenter ou diminuer très rapidement au cours des mois, aujourd'hui plus que jamais avec la sécheresse exacerbée par le changement climatique. En tout état de cause, la présence du bétail ne semble pas, pour les Massaï, être le principal facteur de perte de la faune et de la flore. Les Massaï sont des éleveurs pastoraux, ils ne chassent pas les animaux sauvages – c'est même un tabou – et ne coupent pas les arbres (ils ne peuvent prélever que des branches). L'attention portée aux animaux sauvages est telle que la NCA présenterait la plus forte concentration de lions de toute l'Afrique et que, ces dernières années, aucun acte de braconnage n'a été enregistré (ce qui n'est pas le cas dans le Serengeti, dont les Massaï ont été expulsés).

Le problème pour les Massaï est ailleurs. Le cratère dont ils ont été expulsés en 1975 n'est plus ce qu'il était à leurs yeux.

Comme nous l'avons vu, les Massaï utilisaient le feu pour gérer leurs pâturages. Depuis leur expulsion, le brûlage a été strictement limité à l'intérieur et à l'extérieur du cratère. Cela s'explique par l'une des grandes idées reçues circulant au sein du mouvement de la conservation : parce que « nous savons mieux », les Britanniques ont interdit cette pratique dans de nombreuses régions de leur empire, affirmant que le brûlage des broussailles était une coutume locale primitive et destructrice. À la suite de cela, dans certains cas, les gouvernements post-indépendants ont, eux aussi, partiellement adopté cette idée. Nous savons aujourd'hui que cette pratique servait non seulement à restaurer la fertilité des sols, mais aussi à nettoyer le territoire des matières inflammables et à le protéger ainsi contre les flambées dangereuses et incontrôlables[63]. Sans le feu des Massaï, l'herbe du cratère semble vieille, beaucoup plus haute qu'avant et abrite de nombreuses tiques. Les plantes invasives (non locales) sont également courantes maintenant qu'elles ne peuvent plus être éliminées par le feu. Mais ce n'est pas tout.

« Je suis en colère. Pourquoi les hôtels peuvent-ils rester alors que nous devons partir ? Les touristes viennent pour détruire notre terre. Ils expulsent les Massaï pour pouvoir construire davantage d'hôtels et mettre en danger les sources d'eau et les corridors de vie sauvage. Parce qu'ils ne savent pas. Ils ne savent pas ce

---

[63] Cette interdiction est toujours en vigueur dans la plupart des régions d'Inde et continue de nuire à l'environnement. Les Soliga, par exemple, affirment que la récente augmentation massive des feux de forêt au Karnataka n'aurait pas eu lieu s'ils avaient été consultés sur la gestion des forêts et avaient été autorisés à continuer de pratiquer le brûlage traditionnel : https://www.survivalinternational.org/news/11939

qu'ils font. Nous savons tout. Et c'est pourquoi les animaux restent ici. Les étrangers ne connaissent rien à la terre et la détruisent. Aujourd'hui encore, la pollution est causée par les hôtels. Les espèces sont menacées de disparition en raison du trafic et des jeeps. Et aussi en raison des touristes qui apportent des graines étrangères [plantes invasives]. » En réalité, selon une étude réalisée par les Massaï eux-mêmes[64], l'une des menaces pour la biodiversité est la fragmentation des terres causée par les itinéraires routiers alternatifs : ces itinéraires sont créés par les guides touristiques qui veulent impressionner leurs clients en s'approchant au plus près de l'animal qui les intéresse. Les autres menaces sont l'obstruction des corridors de la faune par des camps touristiques semi-permanents (qui bloquent la migration des animaux ou l'accès aux zones de pâturage) ; l'encombrement par les véhicules touristiques (qui créent une pollution sonore, de la poussière, un compactage du sol et la mort des animaux par accident en raison de l'énorme smog causé par les voitures, qui réduit la visibilité) ; et l'empiètement des lodges (dont certains sont accusés de détourner le cours des rivières qui fournissent de l'eau aux animaux et aux personnes). Si l'on pense que, en haute saison, le cratère voit passer environ 250 véhicules par jour, il n'est pas nécessaire d'avoir un doctorat pour imaginer les conséquences que cela peut avoir sur la nature. Inutile, peut-être, de dire que la FZS – qui est, comme je l'ai indiqué précédemment, un important bailleur de fonds de « l'écosystème du Serengeti » – continue, encore aujourd'hui, de prétendre que le pastoralisme est un problème pour la nature, mais reste silencieux quant aux effets dévastateurs causés par

---

[64] Community opinions on socio-economic, cultural and ecological status in Ngorongoro, *The Truth, Falsity and Mismanagement. Need for an Interdisciplinary Community-led Multifunctional Landscape Management Model in Ngorongoro*, 2022.

le tourisme et collabore avec des tour-opérateurs (c'est-à-dire accepte leur argent).

Les conséquences sur les Massaï sont également dévastatrices. Habitués à rêver d'une nature « sauvage » grâce à des films comme celui de Grzimek, de nombreux touristes se plaignent des vaches des Massaï, comme me l'ont confirmé plusieurs propriétaires de lodges dans la NCA. À la suite du rapport de la mission de suivi conjointe (dont l'UNESCO faisait partie) qui fait référence à la surpopulation, le gouvernement est déjà en train de construire un site à 600 kilomètres de la NCA pour reloger les Massaï et a accéléré sa campagne d'expulsion. Les Massaï, cependant, ne veulent pas partir : « Sans nous, les animaux seront tués. Nous sommes les vrais gardiens de la nature. C'est notre terre et nous ne la quitterons pas. » Je continue à trouver la même détermination partout où je vais. Lorsque je leur demande ce qu'il y a de spécial dans cette terre pour qu'ils ne veuillent pas la quitter, les Massaï expliquent : « Ngorongoro est notre vie, notre identité. C'est là que nos vaches trouvent la bonne nourriture, l'herbe, ce qui fait que les vaches font partie de nous. C'est de cet endroit que nous dépendons pour notre subsistance. Tout comme toi. Tu as l'endroit où tu es née, où tu as ton identité. Il en est de même pour nous. C'est notre maison. Nos lieux de culte sont là, nos activités culturelles, les prières et les rituels des groupes d'âge se font dans le cratère. Il y a des montagnes et des collines à prier lorsque nous avons besoin de pluie et si nous voulons devenir mère ou père. Il existe également des endroits où les femmes enceintes vont se laver dans la boue et prier en période de sécheresse. Nous ne pouvons pas nous éloigner de la NCA. C'est notre maison. C'est ici que sont enterrés les Massaï. Les Massaï morts doivent toujours être enterrés dans le village, près des vivants. Nous ne partirons pas. Où irons-nous ? Il n'y a pas d'espace vide pour nous. Ils nous emmèneront sur une terre qui appartient à quelqu'un d'autre et cela créera des conflits et des guerres. »

Alors que je suis assise dans le restaurant d'un hôtel près de Ngorongoro, un serveur massaï m'apporte le café que j'ai commandé. Et je pense aux emplois que le tourisme crée. Certains Massaï parviennent évidemment à travailler dans l'industrie touristique. J'en ai vu plusieurs travailler comme serveurs, gardes dans les lodges ou guides. Mais ils m'expliquent que cela ne peut pas compenser la perte de leurs terres et le manque de liberté de choix. Beaucoup sont contraints de devenir salariés parce que, ayant perdu l'accès à leurs terres, ils ne peuvent plus vivre du pastoralisme. Quand je demande au serveur si, maintenant qu'il a un salaire, il a arrêté de faire paître ses animaux, il sourit : « Oh non, on les fait toujours paître, même si ce n'est plus suffisant pour vivre. Mais nous les faisons toujours paître. Et nous le ferons toujours. Nous sommes des Massaï. »

Retour vers le futur

Nous avons vu que, à l'issue de la conférence d'Arusha, Nyerere, alors premier ministre du Tanganyika, semblait déterminé à devenir le champion africain du rêve de Grzimek : pouvoir sauver la nature africaine des Africains eux-mêmes avec l'aide de spécialistes occidentaux et l'argent généré par le tourisme. Cependant, très rapidement, celui qui est depuis devenu président de la Tanzanie et, dans le même temps, plus socialiste et désabusé par le faible nombre de touristes et les faibles revenus générés par la « conservation », change d'avis. En 1972, dans une lettre adressée au prince Bernhard (un autre co-fondateur du WWF et également ancien nazi), il déclare :

> Nous pensons qu'il est malvenu de la part des peuples du monde développé de dire aux peuples d'Afrique, d'Asie ou d'Amérique latine qu'ils doivent même sacrifier leur niveau de vie actuel pour la conservation alors que le monde développé poursuit sans relâche sa course pour s'assurer une part disproportionnée des biens de la planète afin d'atteindre un niveau de vie dont nous-mêmes ne pouvons pas rêver. Nous regrettons que nos politiques en matière de parcs nationaux ne plaisent pas à ceux qui ont déjà détruit leur propre faune et qui continuent de mettre en danger le peu qui reste. Mais, si nous sommes désireux de tirer les leçons des échecs du monde développé, nous n'avons pas l'intention de leur permettre de sacrifier notre peuple dans une orgie expiatoire[65].

Ses mots seront bientôt perdus dans les méandres de l'histoire, lorsque Wall Street verra dans les zèbres et les lions plus que de simples objets destinés aux photos touristiques. Bienvenue dans les années 1990 !

Le Livre de la jungle (version non censurée)

La femme baiga a un tatouage sur le front et le visage triste. Je veux la photographier et elle pose dans toute sa dignité. Quand elle lève la tête pour me regarder, je me fige : je peux sentir toute sa souffrance et sa colère. Je prends la photo, mais j'ai mal au ventre. Elle ne le sait pas, mais je la connais. Je l'ai vue mille fois, sur une photo accrochée dans le bureau de Survival International

---

[65] Thomas M. Lekan, *Our Gigantic Zoo. A German Quest to Save the Serengeti*, Oxford University Press, 2019, p. 247 (traduit par nos soins).

à Londres. J'adore cette photo. On l'y voit, encore enfant, souriant de bonheur. À l'époque, elle et sa famille vivaient encore dans la réserve de tigres de Kanha, dans le Madhya Pradesh, en Inde.

Le contraste entre la tristesse froide de la photo que je viens de faire et la joie de celle qui se trouve dans les locaux de Survival se passe de commentaires. Il suffit de regarder autour de soi. La femme, membre du peuple baiga, qui pratiquait autrefois l'agriculture itinérante, s'appelle Sukhan Bai. Les autres membres du peuple sont assis au sol, en silence. Il fait très chaud et ils sont défaits. Le Département des forêts indien a dit à Sukhan Bai et à sa famille qu'il détruirait leur maison s'ils ne quittaient pas leur terre ancestrale à Kanha. Épuisée et effrayée après des années de menaces violentes, elle a finalement été contrainte de partir. En échange, ils lui ont donné un peu d'argent, mais ce n'était pas suffisant pour acheter une terre aussi bonne et fertile que celle qu'elle venait de quitter. De plus, coupés des moyens de subsistance qui les rendaient autosuffisants, elle et les membres de sa famille se sont retrouvés dans le besoin, dépendant dorénavant de l'argent pour survivre.

« Le Département des forêts nous a dit : "Ceux qui partent maintenant recevront 10 lakh (12 500 euros) et ceux qui ne partent pas seront de toute façon expulsés et n'auront rien." Nous avons été forcés de partir ; nous ne voulions pas partir, nous avons été forcés. » Un homme sur le genou duquel je vois une plaie ouverte, mais qui n'a pas d'argent pour se faire soigner, me dit : « C'est à cause des animaux, des tigres surtout. Le Département des forêts nous a dit : "Nous devons prendre soin des animaux dans la forêt." Pendant la réunion, nous avons demandé ce qui était le plus important : nous ou les animaux ? Le gouvernement devrait s'occuper des gens. Les gardes forestiers n'ont pas répondu. »

La forêt de Kanha, qui est devenue célèbre à nos yeux grâce à Mowgli et au tigre Shere Khan du *Livre de la jungle* écrit par le Britannique Rudyard Kipling, a été l'une des premières à être transformée en réserve de tigres en Inde (en 1973). Depuis, comme dans beaucoup d'autres réserves de tigres dans ce même pays, plusieurs tentatives d'expulsion des peuples autochtones y vivant depuis des générations ont eu lieu. Les « experts » de la conservation affirment que, pour assurer leur survie, les tigres indiens ont besoin de vastes étendues de terre pour leur usage exclusif : aucun humain n'est autorisé à y vivre.

En 2004, le WWF, qui pendant des années a soutenu la réserve et les gardes-parc, a mené une campagne pour « faire place aux tigres au pays de Kipling »[66], affirmant que, bien qu'elle soit l'un des endroits où l'on trouve le plus de tigres au monde, la réserve est menacée par une « population humaine croissante » : comme toujours, la nature « sauvage » (qui n'est plus si « sauvage ») et qui est en danger.

Les Baiga, comme les Baka et les Massaï, voient les choses différemment. « Là où vivent les animaux, nous vivons aussi. Les animaux vivent aussi autour de nos maisons ; ils ne sont pas nos ennemis. Les gens et les tigres peuvent vivre ensemble dans le même espace », m'explique un homme baiga. « Nous sommes les protecteurs de la forêt. Si nous ne la sauvons pas, que se passera-t-il ? Si nous l'abandonnons, qui la protégera ? » Le WWF s'est donné beaucoup de mal pour que la terre des Baiga devienne véri-

---

[66] « Making room for tigers in Kipling country », WWF, 2004 : https://wwf.panda.org/wwf_news/?11841/Making-room-for-tigers-in-Kipling-country

tablement le pays de Kipling (oubliant peut-être, ce qui relève tout de même du mauvais goût, que l'Inde était sous la domination coloniale du pays de l'écrivain lorsqu'il écrivit le livre). Les derniers membres des Baiga ont été contraints de quitter leur forêt bien-aimée au cœur de la réserve de tigres de Kanha en 2015.

Entre-temps, le tigre est devenu une star. Kanha, comme d'autres réserves de tigres, a connu une expansion du tourisme sans précédent. Le nombre de visiteurs est passé de 106 000 en 2006-2007 à 175 000 en 2010-2011, soit une croissance de plus de 60 %[67]. Au cours de cette période, le nombre d'hôtels au sein de la réserve est passé de 30 à 62. Cela peut sembler une coïncidence cynique, mais plus les touristes étaient les bienvenus dans la réserve, moins les Baiga étaient autorisés à rester sur leurs terres.

Depuis une petite maison de béton et de tôle, entourée de terres inhospitalières et de structures en construction abandonnées, les Baiga expulsés m'expliquent que le gouvernement refuse que les filles baiga se fassent tatouer et que les garçons se laissent pousser les cheveux. Les autorités considèrent qu'il s'agit de pratiques primitives, mais, pour les Baiga, ces pratiques font simplement partie de leur identité. Les tatouages, par exemple, sont réalisés sur l'ensemble du corps des femmes, y compris le front, et servent à indiquer le passage à l'âge adulte ou d'autres rituels. Une fois morte, après avoir perdu son enveloppe corporelle, seuls ces tatouages demeurent pour accompagner la défunte Baiga sur son chemin. Maintenant qu'ils ont été expulsés de leur forêt, leur

---

[67] Kumar Sambhav Shrivastava, « Tiger Reserved », *Down to Earth*, 2012 : https://www.downtoearth.org.in/coverage/tiger-reserved-38660

identité vit à travers ces tatouages. Loin de la fraîcheur de leurs arbres, la lumière électrique d'une ampoule éclaire les visages tatoués des femmes baiga assises par terre à côté de moi, étonnées que quelqu'un veuille écouter leur histoire.

« Maintenant que les Baiga ne peuvent plus avoir leurs tatouages, qu'est-ce qui les accompagnera après la mort ? », je demande. « Rien », répond un homme édenté et solitaire. « Rien n'accompagnera plus les Baiga après la mort. »

Le quatrième mythe

Le capitalisme vert
(ou comment sauver le monde sans changer notre mode de vie)

Voilà sept heures que nous roulons. On pourrait croire que nous sommes en plein désert tant la sécheresse est monotone. On nous a dit que c'était la saison des pluies, mais la pluie ne semble pas décidée à tomber. La terre asséchée brûle sous le soleil, mais les jeunes que je vois à travers la fenêtre et qui font partie des Samburu, Borana, Turkana ou Rendille, quelques-uns des peuples pastoraux du nord du Kenya, semblent marcher sans se décourager et ne baissent pas la tête. Au loin, les colliers colorés portés par certains d'entre eux scintillent. De temps en temps, ils se retournent pour jeter un œil à notre voiture, nous saluent et sourient. Leurs animaux (chameaux, moutons, chèvres, vaches) cherchent désespérément l'impossible : un petit miracle vert au milieu de tant de désolation.

Même la pluie

Mais sans eau, il n'y a pas de prairie et les éleveurs pastoraux sont donc obligés de parcourir des kilomètres avec leurs troupeaux, notamment vers le sud, où les terres sont meilleures et les pluies plus fréquentes. Pourtant, ce n'est pas cette triste scène qui m'a d'abord choquée alors que je traversais avec mon collègue Simon les vastes zones semi-arides allant de Nanyuki (au Kenya) à la frontière avec l'Éthiopie au nord et la Somalie à l'est. Après tout, ces régions ont toujours été décrites comme « hostiles » dans les exposés occidentaux, précisément en raison de la sécheresse extrême, aujourd'hui amplifiée par le changement climatique. Ce qui nous a d'abord frappés, ce sont les clôtures : de simples constructions en bois ou fil de fer, parfois électrifiées, délimitant des zones privées sur des kilomètres de long et obligeant les éleveurs pastoraux à faire paître le long des routes. En roulant toute la journée, on ne voyait rien d'autre : d'un côté, des tuniques colorées sous le soleil, précédées de rangées d'animaux maigres, le museau au sol, suivant des bandes de verdure de quelques mètres de large ; de l'autre côté, des clôtures, de vastes étendues de prairie qui devaient sembler un cruel mirage aux éleveurs pastoraux attristés. À un moment, j'ai pensé que tout le pays était peut-être bordé de clôtures et que je ne pouvais pas savoir de quel côté de cette clôture je me trouvais : étais-je à l'intérieur ou à l'extérieur ? Le mot « clôture » ainsi que le mot « pluie » deviendront bientôt les hymnes répétés maintes fois par les éleveurs pastoraux inquiets et fatigués lors des journées chaudes et des nuits sans sommeil, comme s'ils étaient des métaphores de tout ce que nous leur avons donné et retiré. La pluie, après tout, est le dernier des cadeaux divins que nous sommes en train de voler aux peuples autochtones, englouti par nos émissions de dioxyde de carbone. Les clôtures, en revanche, sont le fruit d'une plus longue histoire.

« Tout est clôturé : la privatisation totale des terres. La propriété privée est apparue avec la colonisation et, aujourd'hui, de plus en plus de terres sont privatisées. Les éleveurs n'ont pas beaucoup d'espace pour faire paître le bétail », nous dit Sam, notre accompagnateur kenyan, tranquillement, sans rancœur, alors que nous passons devant une autre clôture énorme sur laquelle on peut lire « Ol Jogi. Wildlife Conservancy ». Nous nous arrêtons une seconde car, au-delà de la clôture, nous pouvons apercevoir au loin deux rhinocéros qui broutent tranquillement : mon collègue et moi-même, en bons Occidentaux, voulons prendre des photos. Sam nous apprend que ce terrain de 58 000 acres (une superficie presque égale à celle de Marseille) appartient aux Wildenstein, une famille française devenue millionnaire, apparemment grâce au commerce de l'art (bien que leurs problèmes avec le fisc français puissent nous faire penser autrement[68]). Il n'est pas rare, me dis-je, que des millionnaires achètent des animaux sauvages pour les garder dans leurs propriétés (comme il est maintenant de notoriété publique concernant Pablo Escobar, par exemple). Toutefois, en lisant un article du magazine *Forbes*, j'apprends qu'il ne s'agit pas seulement de quelques animaux : 15 % de la population mondiale restante de zèbres de Grévy et plus de 40 des 790 rhinocéros noirs restants en Afrique de l'Est appartiendraient aux Wildenstein[69]. J'apprends également qu'Ol Jogi, « anciennement un ranch d'élevage, a été le domaine privé de la famille et un sanctuaire pour la faune sauvage pendant près de 35 ans avant d'être ouvert au public [en 2013] en tant que villa à usage exclusif ». D'après les informations rapidement trouvées sur leur site web, Ol Jogi semble être une sorte de lodge pour touristes fortunés en quête de l'Afrique de Roosevelt – ou, comme vous l'avez peut-être vu dans le film oscarisé *Out of Africa*, un cadre parfait pour une histoire d'amour coloniale. Jusqu'ici, tout est normal. Mais une chose m'étonne : Ol Jogi ne se contente pas de proposer des hébergements de luxe et des offres de safari coûtant des milliers d'euros ou une piste d'atterrissage

---

[68] Antoine Bourdon, « Fraude fiscale : La famille Wildenstein bientôt de retour devant la justice ? », *Connaissances des arts*, 2021 : https://www.connaissancedesarts.com/artistes/jean-honore-fragonard/fraude-fiscale-la-famille-wildenstein-bientot-de-retour-devant-la-justice-11151465/

[69] Ann Abel, « The $210,000 Safari: Ol Jogi Ranch In Kenya », *Forbes*, 2014 : https://www.forbes.com/sites/annabel/2014/08/20/the-210000-safari-ol-jogi-ranch-in-kenya/?sh=2696afa657fc (traduit par nos soins). Sur le site web d'Ol Jogi, les chiffres indiqués sont différents : « Nous avons actuellement plus de 100 rhinocéros, dont 64 de la sous-espèce noire orientale et 36 de la sous-espèce blanche méridionale. Nous avons également la plus grande population de zèbres de Grévy, espèce en danger critique d'extinction, avec environ 16 % de la population mondiale restante vivant sur la propriété. »

permettant d'acheminer les touristes directement depuis l'aéroport international de Nairobi. Non. Ol Jogi est bien plus que cela : « Ol Jogi veut être un modèle de conservation privée, en s'efforçant sans relâche d'expérimenter de nouvelles méthodes et techniques pour protéger la vie sauvage et aider les communautés locales. »[70] « Ol Jogi est donc une réserve naturelle privée ? » Sam sourit en entendant ma question et précise : « Ol Jogi est un conservatoire. »

Au Kenya, depuis 2013, une propriété privée (et pas seulement) peut être enregistrée en tant que *conservancy* (conservatoire) si les propriétaires décident de mettre de côté une partie de leurs terres pour la protection des animaux. Cependant, nous dit Sam, « beaucoup d'animaux qui sont "protégés" à Ol Jogi, y compris les rhinocéros, ne s'y trouvaient pas auparavant. Ils ont été amenés d'autres régions, notamment d'Afrique du Sud ». Selon les rumeurs, les animaux captifs avec lesquels Ol Jogi peut divertir les touristes comprendraient des espèces exotiques au Kenya, comme des ours, des tigres et plusieurs singes d'Amérique du Sud. Bien sûr, ces détails ne sont pas pertinents pour la plus grande partie du monde de la conservation. Les animaux sont là et le domaine des millionnaires Wildenstein peut donc recevoir des dons et de l'aide internationale (comme celle de l'organisation Save the Rhino) pour mener à bien cette mission très importante.

À cet instant, je nage en pleine confusion : ces clôtures délimitent-elles donc des sortes de zoos privés exposant également des animaux amenés d'ailleurs ?

---

[70] Ol Jogi : https://oljogi.org/

Plus nous roulons, plus nous voyons des conservatoires. Loin d'être un cas isolé, Ol Jogi est en réalité l'un des 60 conservatoires privés du Kenya. Ces clôtures que nous voyons sans cesse depuis notre voiture ne sont rien d'autre qu'un nouveau type d'aire protégée dont, une fois encore, les peuples autochtones sont exclus. Situées sur des territoires autrefois utilisés par des éleveurs pastoraux, une grande partie de ces terres fertiles autour de Nanyuki ont été arrachées aux éleveurs et données par la Couronne aux colons après 1920, lorsque le Kenya est devenu une colonie britannique, afin qu'ils pratiquent l'agriculture et l'élevage fermier. Cependant, dans les années 1990, lorsque ces activités sont devenues moins rentables, bon nombre de ces véritables ranchs se sont convertis au tourisme et, plus tard, à la « conservation de la nature », devenant en effet des conservatoires.

Suis-je vraiment en train de vous dire que des ranchs appartenant à des riches – souvent des familles d'ex-colons blancs au Kenya – sont maintenant devenus des aires protégées pour animaux et sont donc soutenus par des ONG internationales, tout en restant privés ? Si vous ne me croyez pas, c'est peut-être que vous ne connaissez pas l'histoire d'une autre célèbre famille de chasseurs et de colonisateurs, qui a eu, elle aussi, l'idée du siècle.

Le patron

« Chaque fois que je vois un *mzungu* [terme désignant une personne blanche en swahili], même maintenant, quand vous êtes arrivés, quand j'ai vu Simon, je me suis demandé : est-ce que c'est Ian ? J'ai peur. Parce que Ian peut tout faire. Ian peut poser son hélicoptère dans la rivière, près de la rivière, n'importe où, sur l'arbre, n'importe où. Il peut faire toutes sortes de choses. » Si je devais vous expliquer qui est Ian Craig, j'utiliserais cette description qui m'a été donnée par un éleveur borana lorsque je l'ai interviewé. Il a raison. Ian, cet ex-chasseur de gibier, appelé « le patron » par certains locaux, peut tout faire : il peut même sauver de la faillite son ranch datant de l'époque coloniale en le transformant en une réserve pour rhinocéros et devenir un modèle de conservation pour le monde entier, loué par l'Union européenne et les États-Unis. En fait, l'idée des conservatoires a un accent *british* : celui de la famille Craig.

Nous sommes dans les années 1980 à Lewa Downs, un ancien ranch de bétail de 62 000 acres (251 km²) situé au nord du mont Kenya, qui avait été donné à la famille Craig par le gouvernement colonial soixante ans auparavant. Les Craig en avaient déjà loué une partie à une Britannique, Anna Merz, qui transportait des rhinocéros de tout le Kenya, gardant, *as usual*, les animaux à l'intérieur et les Africains à l'extérieur à l'aide de gardes armés et de clôtures électriques. Est arrivé un moment où Ian Craig a décidé de consacrer l'ensemble du ranch au tourisme animalier en introduisant davantage de rhinocéros et d'autres espèces emblématiques ; pour les voir, les visiteurs devraient débourser de l'argent. En 1995, il a créé le Lewa Wildlife Conservancy (LWC), aujourd'hui classé au patrimoine mondial de l'UNESCO. Enregistré en tant qu'organisme de bienfaisance aux États-Unis, au Canada et au Royaume-Uni, LWC reçoit des dons déductibles des impôts de la part d'individus, mais reçoit aussi des fonds provenant d'institutions financières internationales telles que la Banque mondiale et d'ONG telles que le WWF. Selon un rapport de l'organisation américaine The Oakland Institute :

> [...] les recherches menées par l'anthropologue Marlous van den Akker ont révélé que la famille Craig [avait été] confrontée à la faillite à la suite de l'effondrement de l'industrie bovine et qu'elle [avait] opéré une transition radicale pour créer le conservatoire et éviter la vente exécutive des terres[71].

Toutefois – petit détail –, le transfert de rhinocéros d'autres régions du Kenya vers la réserve des Craig, qui leur a évité d'être déclassés socialement, semble avoir eu lieu sans l'autorisation des autorités kenyanes. Demander la permission n'est certainement pas dans l'ADN de cette famille installée au Kenya depuis quatre générations et qui entretient des relations étroites avec la famille royale britannique. C'est en effet à Lewa que le prince William a séjourné avant de demander sa future épouse en mariage et où il a assisté au mariage de son amie Jessica Craig, la fille de Ian Craig. En 2016, Craig a été décoré de l'Ordre de l'Empire britannique pour ses « services à la conservation et à la sécurité des communautés au Kenya »[72]. Mais Ian ne s'est pas contenté de transformer son ranch privé en un zoo pour rhinocéros ou en un lieu pour faire des demandes en mariage (aussi royales soient-elles). Ian, comme d'autres membres de sa famille, avait de plus grandes ambitions.

---

[71] « Stealth Game : "Community" Conservancies Devastate Land & Lives in Northern Kenya », *The Oakland Institute*, 2021, p. 13. Cette traduction n'a pas été faite par Oakland Institute et ne doit donc pas être considérée comme une traduction officielle. Oakland Institute ne peut être tenu responsable du contenu ou des erreurs de cette traduction.
[72] *Ibid*, p. 14.

« Il n'y a pas de limites à la croissance »[73]

Pour comprendre le contexte dans lequel l'idée de Ian a mûri et comment celle-ci est devenue un modèle dans le monde de la conservation, nous devons prendre du recul. Nous nous trouvions dans les années 1960-1970, où les nouveaux États indépendants d'Afrique étaient aux prises, en matière de conservation, avec des volontés souverainistes, des révolutions décoloniales, le développement économique et la pression internationale des « experts » pour perpétuer le modèle des aires protégées que les colonisateurs avaient conçu. Maintenant, nous nous dirigeons vers quelque chose d'un peu différent dans la forme, mais très similaire dans le fond – quelque chose que l'on pourrait appeler la transformation néolibérale du monde de la conservation. Cela ne signifie pas que d'autres formes de « protection de la nature », plus enracinées dans l'époque coloniale, cessent d'exister, surtout en Afrique, mais que nous nous dirigeons petit à petit vers une conservation qui ne relèvera plus seulement de la responsabilité des États, conseillés par des « experts », mais sera plutôt le domaine d'ONG internationales et d'acteurs privés, qui tenteront de plus en plus de sauver cette nature par le pouvoir de l'argent et de l'économie de marché.

Aujourd'hui, il peut sembler presque normal de lire sur les réseaux sociaux que Jeff Bezos, le fondateur d'Amazon – une entreprise qui a produit en 2020 60,64 millions de tonnes de dioxyde de carbone, l'équivalent de la combustion de 140 millions de barils

---

[73] Ronald Reagan, « Radio Address to the Nation on Economic Growth », 1985 : https://www.reaganlibrary.gov/archives/speech/radio-address-nation-economic-growth-0

de pétrole –, veut sauver la nature et le climat. Il est normal aussi de voir le nom de Leonardo DiCaprio, l'un des acteurs les mieux payés au monde en 2022, à côté de celui de Greta Thunberg dans une pétition sur le climat. Ou de lire que l'actuel président du WWF, Neville Isdell, est l'ancien PDG de Coca-Cola. Mais comment sommes-nous passés de conservationnistes comme Grzimek, essayant de convaincre les chefs d'État africains de créer des parcs naturels, à Jeff Bezos créant sa propre fondation et offrant dix milliards de dollars aux ONG et activistes pour sauver, entre autres, les forêts du Congo ? Et quand est-ce que les membres de familles royales et d'anciens colonisateurs ont-ils été rejoints à la tête d'organisations de conservation par des chefs d'entreprise ? Pour illustrer ce phénomène, on peut notamment citer l'exemple de John H. Loudon, devenu président du WWF en 1976 ; celui qui avait été surnommé le « Grand Old Man of Shell » parce qu'il avait dirigé la Royal Dutch Shell, restera au poste de président du WWF jusqu'en 1981. En somme, quand notre système économique axé sur le profit est-il devenu non seulement compatible avec la protection de la nature, mais même considéré comme nécessaire pour la sauver ?

Dans l'imaginaire mythologique de quelques chanceux, les années 1980 et 1990, une fois libérées du mal soviétique et de la grisaille de leur architecture, sont incarnées par Tom Cruise jouant au beach-volley dans *Top Gun* ou par les cheveux mousseux de Melanie Griffith dans *Working Girl* (et bien sûr par le président de la République François Mitterrand et son ascension de la Roche de Solutré). Pour un grand nombre d'autres personnes, les choses sont un peu différentes. Nombreuses sont celles du Sud et des classes ouvrières du Nord qui ne vous parleront pas de cheveux ni d'avions (même si probablement personne n'est indifférent au charme de Maverick), mais se souviendront surtout de ces décennies grâce aux visages de Ronald Reagan, Margaret Thatcher, Pinochet, et d'autres sinistres personnages qui, peu à peu, ont sapé les politiques publiques destinées à redistribuer la richesse, à protéger les biens communs et à aider les plus vulnérables. Ces deux décennies ont apporté avec elles un certain optimisme et un enthousiasme pour le « marché libre », et la certitude que les États sont des entités inefficaces et corrompues. En bref, seuls les acteurs privés (individus, entreprises ou ONG), mus par la volonté d'engendrer des profits ou par d'autres intérêts particuliers, peuvent efficacement « gérer » (tirer profit de) l'économie, l'éducation, la santé, la nature et tout le reste. Le profit serait donc ce qui fait tourner le monde, et la bonne nouvelle est que nous pouvons accumuler à l'infini. « Il n'y a pas de limites à la croissance » et « il n'y a pas d'alternatives »[74]. L'histoire elle-même, entraînant la fin du communisme soviétique, l'aurait montré.

Pourtant, bien que considéré comme l'unique solution, le triomphe de l'économie basée sur le « libre marché » a été beaucoup moins inévitable qu'on ne le pense : une série de réformes politiques, menée en particulier par les États-Unis, a modifié les réglementations dans les domaines de la finance, de l'agriculture, de la production industrielle, de la fiscalité et du système de prêt aux pays en développement (ce qu'on appelle les « ajustements structurels ») afin de renforcer le secteur privé, tout en affaiblissant le secteur public, de faciliter la circulation de l'argent et l'accumulation du capital. Cela a provoqué une augmentation

---

[74] Slogan attribué à Margaret Thatcher : https://fr.wikipedia.org/wiki/There_is_no_alternative

des inégalités : certaines personnes et certains pays se sont davantage enrichis, tandis que d'autres se sont davantage appauvris. Depuis 1980, selon « The World Inequality Report 2018 », les 1 % d'individus les plus riches dans le monde ont capté deux fois plus de croissance que les 50 % les plus pauvres[75].

Il y aurait beaucoup d'autres choses à dire à ce sujet, mais, pour résumer, toutes ces politiques signifient une chose : dans le Sud, le rôle des États dans la conservation de la nature recule, tandis que le rôle et l'influence des institutions internationales, des grandes entreprises, des particuliers et des ONG du Nord augmentent. Nous entrons dans une époque où de nombreux multimillionnaires célèbres, dont les fortunes ont été rendues possibles en grande partie par ces réformes mêmes qui ont sapé le secteur public et favorisé l'accumulation du capital, créeront leurs propres fondations afin de pouvoir sauver la nature et le monde ; où progressivement les ONG remplaceront directement les agences de l'État dans le rôle de gestionnaires des parcs naturels. En un sens, la conservation de la nature se privatise, car, d'une part, les États s'appauvrissent et, d'autre part, les bailleurs de fonds occidentaux sont de plus en plus réticents à financer des projets environnementaux dont de grandes ONG occidentales ne sont pas partenaires ou bénéficiaires. Ces dernières finiront par être des États dans l'État en matière de conservation de la nature, et non plus de simples « experts » ou « consultants » comme cela a été le cas au cours des premières décennies de l'ère postcoloniale. Comme le montre le journaliste Mark Dowie dans un livre publié en 2011,

---

[75] « The World Inequality Report », in *World Inequality Lab*, 2018, p. 7 : https://wir2018.wid.world/

les cinq grandes ONG de conservation de la nature – WWF, WCS, Conservation International, African Wildlife Foundation, The Nature Conservancy – représentent alors plus de 70 % des budgets mondiaux de conservation à elles cinq[76]. Nombre de ces ONG de protection de la nature finiront également par conclure des partenariats avec les multinationales les plus polluantes du monde : après tout, si l'argent de Shell nous permet de sauver un écosystème, où donc est le problème ? L'argent, d'où qu'il vienne, est là pour résoudre les problèmes environnementaux : plus il y a d'argent, mieux l'environnement se porte. Et si le prix à payer pour ces généreux dons est le silence concernant le comportement environnemental et fiscal des entreprises, tant pis...

À présent, récapitulons. Les années 1980 et 1990 : nous avons une idéologie dominante encline à célébrer les ONG occidentales et les individus capables par eux-mêmes, grâce à leur argent et leurs réseaux, de faire face à la perte de la biodiversité. Des personnes comme Ian, en somme. Mais, parallèlement au rôle des États, autre chose commence à changer au cours de ces décennies. Les gens ont envie de liberté et l'idée d'imposer ces vieilles aires protégées coloniales, gérées par les États, contre la population locale, devient moins « acceptable » et « vendable » dans le cadre du marketing coloré de l'époque : il faut inventer quelque chose de nouveau, de plus inclusif. Après tout, la « conservation » peut également être bénéfique à ces gens dans le Sud, n'est-ce pas ? Car, grâce à l'économie de marché, elle peut leur apporter des revenus issus du tourisme et d'autres activités commerciales : protéger (écologiquement) serait aussi dans l'intérêt (financier) des

---

[76] Mark Dowie, *Conservation Refugees*, The MIT Press, 2011, p. XXIII.

populations locales. La croissance économique et l'économie de marché peuvent donc sauver la nature. Simultanément, à mesure que les conséquences environnementales de l'exploitation accélérée des ressources deviennent évidentes sur les rivières, les arbres, la terre, les mouvements environnementaux se renforcent. Comment, dès lors, le « marché libre » et la « croissance illimitée », annoncés comme une bonne nouvelle pour le monde par des gens comme Reagan, peuvent-ils continuer à s'en sortir victorieux alors que leurs conséquences matérielles et humaines néfastes sont de plus en plus évidentes ? Comment le mythe peut-il se perpétuer ?

Et le magicien sortit du chapeau le développement durable. Il s'agit d'un concept clé dans cette histoire, car c'est peut-être précisément là que se trouve le point de départ du mythe du capitalisme vert : l'idée que l'on peut continuer à exploiter les ressources naturelles et humaines de la planète pour en tirer un profit tout en sauvant la nature grâce à ce même profit.

Le fait que les années 1980 s'ouvrent sur un texte ambitieux intitulé « Stratégie mondiale de la conservation », élaboré par l'UICN avec le WWF, les Nations unies, la FAO et l'UNESCO, pourrait déjà, pour certains, sembler de mauvais augure. Le sous-titre laisse entrevoir la nouvelle meilleure idée du siècle : « la conservation des ressources vivantes pour le développement durable ». C'est peut-être l'une des premières fois que le concept de « développement durable » est énoncé sur une plateforme mondiale et on entrevoit déjà le rôle central que la conservation y occupera. Il n'y a pas de développement durable sans conservation. En effet, on nous dit que la conservation est là justement pour permettre le développement durable :

Car si l'objet du développement est d'assurer le bien-être social et économique, l'objet de la conservation est d'assurer la capacité de la Terre à soutenir le développement et à entretenir toute vie[77].

L'idée de « développement durable », rendue célèbre par un rapport publié en 1987 par la commission des Nations unies connue sous le nom de Commission Brundtland, désigne un développement qui peut garantir « la satisfaction des besoins de la génération actuelle sans compromettre la capacité des générations futures à satisfaire leurs propres besoins »[78]. Mais qu'entend-on par « besoins » ? Les « besoins » sont-ils universels ? Et qu'entend-on par « développement » ? Tous les êtres humains recherchent-ils le « développement » ? Le développement durable est-il la seule alternative possible pour sauver notre planète ?

Ces questions ne trouvent pas un fort écho dans l'enthousiasme écologiste de l'époque. Bien au contraire, le développement durable submerge tout.

Vous avez sans doute entendu parler de la conférence de Rio en 1992, le fameux « Sommet de la Terre de Rio » où une centaine d'États se sont réunis pour signer la Convention sur la diversité biologique (CDB), le texte fondamental qui, à ce jour, représente le cadre juridique de référence pour la protection de la diversité biologique (ou biodiversité). Cette conférence est, comme le dit le maître de conférences Guillaume Blanc, « l'ouverture officielle de

---

[77] *World Conservation Strategy: Living Resource Conservation for Sustainable Development.* IUCN–UNEP–WWF, 1980 (traduit par nos soins).
[78] *Our Common Future*, Report of the World Commission on Environment and Development, 1987.

l'ère du développement durable »[79]. À la lecture de la déclaration adoptée par le Sommet (Déclaration de Rio sur l'environnement et le développement) et d'autres documents de l'époque, l'idée de base est claire : maintenant que le mur de Berlin et l'URSS se sont effondrés et que l'expansion du « marché libre » devient finalement inévitable dans le monde entier (du moins le pensent-ils !), comment concilier la croissance économique et l'exploitation conséquente des ressources, qui ne doivent jamais être remises en question, avec la protection de la nature ? Cela semble impossible, et pourtant c'est écrit noir sur blanc. Le principe 12 de la Déclaration de Rio est clair : « Les États devraient coopérer pour promouvoir un système économique international ouvert et favorable, propre à engendrer une croissance économique et un développement durable dans tous les pays, qui permettrait de mieux lutter contre les problèmes de dégradation de l'environnement. »[80]

Au cours de cette conférence environnementale et de celles qui suivront (comme le Congrès mondial des parcs à Durban en 2003), d'autres idées émergent parallèlement à celle de « développement durable » ; toutes seront caractérisées par le même enthousiasme pour le début d'un monde nouveau. La croissance économique a bien sûr son côté humain et vert : la protection de l'environnement à l'ère de la mondialisation qui s'ouvre sera donc bien liée au développement économique, mais elle sera aussi

---

[79] Guillaume Blanc, *L'invention du colonialisme vert. Pour en finir avec le mythe de l'Éden africain*, Flammarion, 2020, p. 193.
[80] Déclaration de Rio sur l'environnement et le développement, Sommet Planète Terre, Conférence des Nations unies sur l'environnement et le développement, Rio de Janeiro, Brésil, 3-14 juin 1992 : https://www.un.org/french/events/rio92/rio-fp.htm

« communautaire », « décentralisée », orientée vers le « partage des bénéfices », tiendra compte des connaissances locales, se fera en « consultation » avec les populations locales, et non plus contre elles. Sur le site web du WWF, on peut encore lire : « La stratégie de 1990 vise à décentraliser le processus décisionnel du WWF et à renforcer la coopération avec les populations locales. »[81] Magnifique, n'est-ce pas ? Ce que les traités, les plans et les accords conclus à partir des années 1980 ne disent pas est probablement indiqué, au moyen d'un astérisque, au bas des centaines de pages rédigées. La conservation sera communautaire, bien sûr – à condition toutefois que les populations locales, auxquelles ces plans de conservation sont imposés, acceptent l'hypothèse sous-jacente : ne jamais remettre en question la « croissance économique » ni le « développement » que nous leur offrons.

Cette « nouvelle conservation » va donc tenter de concilier l'inconciliable : croissance économique et protection de la nature, contrôle de la nature des pays du Sud par les ONG occidentales et implication des populations locales. Cela peut sembler contradictoire et impossible, mais comme nous l'avons répété à plusieurs reprises, les mythes n'ont pas besoin d'être cohérents. Si quelqu'un pouvait incarner la transition vers cette « nouvelle conservation » avec sa volonté « d'inclure les locaux » tout en privatisant le secteur de la conservation de la nature pour son propre bénéfice, c'était bien Ian Craig. Bien que « la nouvelle conservation » qui nous est annoncée soit « communautaire » et se veuille différente de celle de l'époque coloniale,

---

[81] Voir https://wwf.panda.org/discover/about_wwf/nineties/ (traduit par nos soins).

elle en porte pourtant les marques profondes : la peau blanche, les mêmes amis qu'avant, une réponse toute faite toujours prête et qui n'hésite pas à recourir à la violence quand les choses ne se passent pas comme prévu.

Un air de famille

« Le Kenya a été colonisé par les Britanniques. Craig est l'un de ceux qui restent », déclare un éleveur du peuple borana, lequel vit depuis des temps immémoriaux dans les zones semi-arides du nord du Kenya. L'aîné autochtone me regarde dans les yeux. Il porte un chapeau sur la tête et des vêtements, selon moi, d'apparence nord-africaine, la plupart des Borana étant musulmans. « Ian Craig est la raison de tous nos problèmes », poursuit-il avec colère. Mais de temps en temps, il me sourit de ses dents d'une blancheur éclatante, comme pour m'aider à me sentir en sécurité, ce qui, pour être honnête, est parfois difficile à la vue des bâtons (parfois pointus) utilisés dans la région pour faire paître le bétail et que les éleveurs emportent toujours avec eux.

Si vous lisez le site web du Northern Rangelands Trust (ou NRT, comme l'appellent les locaux), vous comprendrez difficilement pourquoi Ian a des ennuis : la conservation de base qu'il propose vise à « améliorer la vie des gens, construire la paix et préserver l'environnement naturel »[82]. En effet, après avoir avec succès transformé son ranch en un conservatoire et suscité l'enthousiasme généralisé des grands donateurs pour un projet de

---

[82] NRT : https://www.nrt-kenya.org/about-nrt (traduit par nos soins).

conservation de la nature mené par un individu réputé efficace (et blanc !), Ian a décidé en 2004 de créer sa propre ONG afin de partager son « idée du siècle » avec ces communautés pastorales que ses ancêtres colonisateurs n'avaient jamais pu maîtriser complètement. Selon lui, l'objectif était d'encourager les communautés à établir des conservatoires en mettant de côté une partie de leurs territoires pour les animaux sauvages (c'est-à-dire en n'y faisant plus paître leurs troupeaux) : cela permettrait à la fois de sauver la nature sauvage, soi-disant menacée par le pastoralisme, et d'aider économiquement les communautés grâce au tourisme et aux dons. Rappelez-vous : pour Grzimek, le tourisme était la « carotte » utilisée pour convaincre les gouvernements africains de sauver la nature ; à l'ère du développement durable et de la mondialisation, le tourisme sert à sauver la nature et les humains. Une autre idée du siècle : celle des *community conservancies* (conservatoires communautaires).

Depuis sa création, cette ONG (NRT) basée à Lewa, l'ancien ranch de Ian, a reçu des millions d'euros de dons de la part d'agences de développement occidentales, de riches particuliers, de grandes ONG de conservation de la nature et bien sûr d'entreprises. En lisant la description du site web, nous apprenons que le NRT est désormais « une organisation de membres appartenant et dirigée par les 43 conservatoires communautaires dont elle est au service dans le nord et le long de la côte du Kenya ». Si cela semble dérisoire, il convient de préciser que cela représente une surface de 63 000 kilomètres carrés, soit 10 % de la superficie totale du Kenya : comme si les régions Provence-Alpes-Côte d'Azur et Hauts-de-France étaient entièrement placées sous l'influence d'une organisation créée par un particulier grâce à des fonds internationaux. Ce serait inimaginable en France, n'est-ce pas ? La région abrite également plus de 320 000 personnes autochtones, appartenant à environ dix-huit groupes ethniques différents, pour la plupart des éleveurs pastoraux, qui se partagent des pâturages en propriété collective depuis des générations[83].

Cette histoire a un air de famille avec d'autres que nous avons déjà vues : Ian, descendant d'une famille de colons blancs, est convaincu qu'il faut sauver la nature en danger (mythe de la nature sauvage) et son ranch (*of course*), d'abord en créant un zoo privé, puis – parce que le danger pour la nature vient des éleveurs pastoraux (mythe du primitif) et n'a rien à voir avec lui ni ses amis millionnaires, les touristes ou la Couronne britannique – il tente de convaincre les éleveurs de former des « conservatoires communautaires » sous l'égide du NRT, son ONG supposément « experte » (mythe du « nous savons mieux que vous »). Nous l'avons vu mille fois : de l'époque coloniale à nos jours, les populations locales sont accusées de la destruction de l'environnement. Maintenant, le nouveau type de conservation ajoute un facteur inédit : la population locale est toujours considérée comme responsable de la perte de biodiversité, mais au lieu de l'exclure en créant des aires protégées « classiques », il faut désormais « la faire participer » et l'aider à s'améliorer – pour résumer, l'aider à devenir comme nous, de vrais « hommes d'affaires » capables de générer du profit avec leurs terres, car seul le profit peut inciter à protéger la nature (mythe du capitalisme vert).

---

[83] « Stealth Game : "Community" Conservancies Devastate Land & Lives in Northern Kenya », *The Oakland Institute*, 2021, p. 13. Cette traduction n'a pas été faite par Oakland Institute et ne doit donc pas être considérée comme une traduction officielle. Oakland Institute ne peut être tenu responsable du contenu ou des erreurs de cette traduction.

Cependant, tous ces mythes serviront le même objectif : comme à l'époque des colonisateurs, la nouvelle conservation menée par des ONG et des particuliers continuera à perpétuer le contrôle occidental sur les terres des peuples autochtones et leurs ressources, de même qu'elle continuera à maintenir notre mode de vie à l'abri des critiques écologistes.

La population autochtone que Ian cherche à « faire participer » à son idée du siècle n'est pas une entité monolithique et sans nuances. Comme dans le cas des Massaï, nous nous trouvons dans une région semi-aride avec une saison sèche et une saison des pluies très prononcées qui rendent nécessaire la mobilité des pâturages pour s'adapter aux changements parfois spectaculaires de température et de précipitations. À cela s'ajoute la complexité culturelle de la région. Comme le souligne l'activiste britannique Stephen Corry, « avec de nombreux peuples différents (notamment les Rendille, Borana, Gabbra, Turkana, Pokot, ainsi que les Samburu et Massaï) utilisant le même territoire, il existe un équilibre permanent entre le voisinage, les valeurs partagées et le potentiel de friction, souvent en raison de la concurrence pour le pâturage et l'eau »[84]. En bref, il s'agit d'une zone où la situation est tendue et les problèmes ne sont jamais loin. Or, dans ce contexte de conflit et de sécheresse, comment convaincre les éleveurs pastoraux de laisser de côté, au nom d'un idéal de « protection de la nature », une partie de leur territoire et de leurs ressources déjà limitées ?

---

[84] Stephen Corry, « Are Kenyan Conservancies a Trojan Horse for Land Grabs? », *The Elephant*, 2021 : https://www.theelephant.info/culture/2021/04/03/are-kenyan-conservancies-a-trojan-horse-for-land-grabs/ (traduit par nos soins).

Afin de rester dans l'air du temps et de « faire participer » la population locale, Ian semble, selon les rumeurs, avoir eu recours à de vieux stratagèmes également utilisés par ses ancêtres colonisateurs. Les Borana l'expliquent ainsi : « Le NRT veut prendre nos terres. Ils ont de l'argent et l'utilisent pour causer de nombreux problèmes. Ils le donnent à quelques personnes et ne demandent pas le consentement de la communauté. Ils utilisent l'argent des donateurs pour corrompre les gens, les dirigeants. C'est ainsi qu'ils se sont établis dans la région. Ils se sont installés ici sous le statut de conservatoire, mais si vous n'êtes pas d'accord avec eux, ils utilisent les conflits interethniques pour vous faire taire. Le NRT corrompt même la fonction publique. Et, à cause d'eux, les gens se battent entre eux. »

D'un côté à l'autre des 43 conservatoires communautaires, les histoires que les communautés nous racontent sont quelque peu différentes de la belle légende circulant dans les bureaux de Bruxelles, où les fonctionnaires européens ne manquent jamais une occasion de me faire savoir que l'exemple des conservatoires communautaires de Ian pourrait être l'idée qui sauvera la conservation de ses critiques. Ce projet est, à leurs yeux et sur leur site web, parfaitement incarné par une photo d'éleveurs samburu portant leurs accessoires colorés et embrassant un bébé chèvre : irrésistible. Mais, loin des palais de verre des bureaucrates européens, on murmure que Ian est le nouveau maître du Kenya, qu'il a soudoyé des dirigeants locaux et utilise les conflits entre les différents peuples pour parvenir à ses fins. « Le NRT a remplacé l'État », crie un éleveur assis à la buvette d'une ville qui me semble perdue au milieu de nulle part dans le nord du Kenya. Tout autour, le désert, les mouches et les enfants qui me fixent avec curiosité. Puis il me sourit et dit : « Tu l'as raté. Ian est venu ici il y a quelques jours, en avion. C'est comme ça qu'il nous contrôle : par l'air. »

« La première fois que Ian est venu ici, c'était il y a longtemps. Il nous a dit qu'il voulait nous aider à faire de la conservation, que cela nous serait bénéfique. Nous craignions qu'il vole nos terres et nous avons dit non. Mais il a continué à venir jusqu'à ce qu'il convainque certaines personnes. Seules quelques personnes sont impliquées dans ce conservatoire qui a été créé. Elles prennent les décisions pour tout le monde et en retirent également tous les bénéfices. Ils ont construit un lodge sur nos terres, pour les touristes, nous ont dit que nous ne pouvions plus faire paître le bétail dans certaines zones et nous ont envoyé des gardes forestiers et quelques véhicules : voilà tout ce qu'ils ont fait. »

L'histoire se passe donc ainsi : Ian aurait « convaincu » plusieurs dirigeants locaux ou individus sélectionnés par ses soins de créer, sous l'égide du NRT, des conservatoires communautaires sur des terres à usage collectif, et ce au nom de toute la communauté. En conséquence, la communauté doit mettre de côté une partie de ses terres pour la conservation (elle ne peut plus y faire paître le bétail). En contrepartie, la « communauté » (quelle qu'en soit la signification pour le NRT) recevrait l'aide du NRT pour mettre en place des activités génératrices de profits (tels que des accords avec des investisseurs souhaitant établir des lodges touristiques sur leurs terres) et des gardes-parc armés (employés par l'ONG elle-même) avec le but de protéger les animaux sauvages. Ces gardes, appelés par certains le « Commando de Ian », veillent à ce que les communautés pastorales ne puissent pas faire paître leurs troupeaux dans certaines zones ; ce manque d'accès à leurs terres représente une énorme perte pour les éleveurs. Mais en perdant leurs terres, les éleveurs pastoraux n'auraient apparemment rien à craindre, car le NRT promet aussi, en achevant sa substitution à l'État, de leur fournir et de soutenir des services qui relèveraient normalement de la responsabilité publique (du moins en France), par exemple des puits d'eau, des écoles, etc. Pour ces efforts, le NRT reçoit des millions d'euros de financement de la part de donateurs tels que USAID, l'Union européenne, les agences de développement danoise (DANIDA) et française (AFD), et de grandes ONG environnementales, dont The Nature Conservancy (dont je ne détaillerai pas ici les innombrables liens avec les secteurs pétrolier, agro-industriel, de la chimie et de la finance, qui pourront être traités dans un autre livre[85]). Les colonisateurs n'auraient pas pu faire mieux, n'est-ce pas ?

Dans un contexte marqué par la rareté des ressources et la multiplicité des peuples traditionnellement rivaux, la question des gardes-parcs mis en place par le NRT pour contrôler ces nouvelles aires protégées apparaît comme une épine chaque fois que nous interrogeons un éleveur pastoral. Les Borana accusent le NRT d'employer dans la plupart des cas des membres d'un peuple rival, les Samburu, qui, souvent armés d'AK47, puis formés par la société de sécurité privée 51 Degrees, dirigée par le fils de Ian Craig, Batian Craig (tout reste dans la famille), se prêtent à toutes sortes d'exactions contre les Borana et les excluent de leurs zones de pâturage : « Le conflit avec les Samburu s'est aggravé à cause du NRT. Depuis l'arrivée de la conservation, nos pâturages ont été limités. Nous avons peur, vivre est devenu dangereux. Ils utilisent

---

[85] « Companies investing in Nature », *The Nature Conservancy* : https://www.nature.org/en-us/about-us/who-we-are/how-we-work/working-with-companies/companies-investing-in-nature1/

les gardes-parc pour nous restreindre, nos propres voisins nous restreignent : mais avant, nous et les Samburu avions l'habitude de partager les zones de pâturage et tout le reste. »

Le fait que les gardes-parcs du NRT (qui est une ONG) pourraient surveiller 10 % du Kenya, en se substituant souvent aux forces de l'ordre kenyanes, est l'un des mystères que seule la privatisation de la conservation en cours depuis les années 1980 peut expliquer : encore une fois, inimaginable en France. Selon l'avis d'un Borana, la réponse est plutôt simple : « Voilà ce que fait le NRT : il corrompt les gens et aussi le gouvernement. Ils utilisent votre argent pour nous opprimer. Nous perdons nos terres. Nous perdons notre peuple. Ils tuent des gens avec votre argent. » En réalité, à ma grande surprise, en parlant cette fois avec les Samburu, nous découvrons que le NRT fait bien plus que cela. « Le NRT a proposé un programme qui consiste à acheter nos vaches, à les engraisser dans des ranchs privés et à les vendre. Cela s'appelle "Du bétail jusqu'aux marchés" » (*Livestock to Markets*), me dit un homme samburu. « Pardon ?! », Simon et moi crions en même temps. « Le NRT n'achète du bétail que pendant la saison sèche, lorsqu'il n'y a pas d'autre marché sur lequel vendre et que les prix sont bas, car nos vaches sont très maigres, et ils paient au kilo. Ensuite ils engraissent notre bétail dans le conservatoire privé Ol Pejeta et le vendent à l'Afrique du Sud, ce qui leur rapporte beaucoup d'argent. » Le fait qu'Ol Pejeta abrite un lieu d'engraissement du bétail et un abattoir et qu'il soit en même temps détenu par la célèbre ONG conservationniste Fauna & Flora International, dont le parrain est le prince William, ne devrait plus, à ce stade du livre, vous sembler une contradiction insensée.

Je vais être honnête avec vous. J'étais allée jusqu'au Kenya pour apprendre la vérité sur le modèle de conservation créé par Ian après que, lors d'un débat en ligne sur le sujet, un fonctionnaire de la Banque européenne d'investissement m'avait dit que tous les conservationnistes n'étaient pas mauvais et que je pourrais changer d'avis à ce sujet en découvrant le travail du NRT. J'étais ouverte sur la question. Mais à ce stade de mes recherches, toute cette histoire me semblait folle et ma perplexité était aussi grande que ma colère : le NRT est une association créée par un particulier appartenant à une famille d'anciens colons blancs, basée dans un ranch privé transformé en zone de conservation, recevant des millions d'euros de nos impôts pour protéger la nature de la prétendue menace du pastoralisme (menace qui reste à prouver), contrôlant 10 % du territoire kenyan grâce à ses gardes-parcs, semant la panique parmi les éleveurs pastoraux, fomentant des conflits locaux à son profit et réduisant les zones de pâturage des éleveurs (en volant leurs terres). En outre, ils achètent du bétail chétif à des éleveurs en proie à la sécheresse et gagnent de l'argent en vendant de la viande... Et tout cela serait, selon les termes de l'UE, « un exemple de réussite »[86]. Mais en plus de ma colère, je ressentais aussi une certaine perplexité face à la persistance extraordinaire du mythe. L'idée qu'un individu (qui plus est blanc) puisse prétendre savoir comment « sauver la nature » dans une région aussi vaste et complexe que le nord du Kenya, et qu'il soit parvenu à convaincre les grands donateurs occidentaux que c'était lui, et non l'État kenyan ou les communautés locales, qui « savait mieux », pouvait s'expliquer par les idées qui circulaient dans le

---

[86] « Team Europe-Kenya Partnership: community-led wildlife conservation », in *Europa.eu*, 2021 : https://europa.eu/capacity4dev/articles/team-europe-kenya-partnership-community-led-wildlife-conservation (traduit par nos soins.).

milieu de la conservation depuis l'expansion coloniale ayant eu lieu au XIXe siècle (notamment le racisme envers la population locale). Et l'état d'esprit qui régnait depuis les années 1980 pouvait expliquer comment une propriété privée (Lewa), une terre qui avait été volée au Kenya pendant la colonisation, était devenue un exemple de conservation et patrimoine de l'humanité. Mais, alors que nous roulions d'un conservatoire à l'autre et que je regardais par la fenêtre de la voiture le drame causé par le manque de pluie, je me suis demandé à plusieurs reprises : si on considère l'impact que le changement climatique est censé avoir sur une région déjà frappée par la sécheresse, comment le NRT peut-il convaincre les donateurs occidentaux qu'il va préserver la nature ? Quel est le rapport entre les éleveurs et la sécheresse de la région exacerbée par nos émissions de carbone ? Et comment préserver les rhinocéros et les autres animaux sans agir sur le changement climatique (sans pluie, pas de prairies où paître) ? Mais bien sûr, cette fois aussi, les conservationnistes avaient une réponse toute faite et une solution magique à nous fournir.

Pas de panique, l'espoir est là

Je suis assise dans l'avion d'Air France en direction de Nairobi. Avec ma manie de tant vouloir être une meilleure personne que je ne le suis, je me sens coupable. Un peu comme le sentiment que j'éprouve lorsque, râlant contre le capitalisme un samedi soir, je redoute que certains de mes interlocuteurs reconnaissent le parfum coûteux que je porte et que ma famille porte depuis deux générations. Nerveuse, je cherche donc sur le site web de la compagnie aérienne quelques informations sur la politique face au changement climatique et les émissions de carbone d'Air France. Nous le savons tous maintenant : prendre l'avion n'est pas bon pour le climat. Air France, pourtant, me rassure : « À l'horizon 2050, Air France vise l'atteinte [*sic*] de zéro émission nette, c'est-à-dire une réduction drastique de ses émissions de CO_2 couplée à des contributions à des projets permettant de retirer chaque année de l'atmosphère un volume de CO_2 équivalent aux émissions résiduelles. »[87]

Bien que l'expression « zéro émission nette » suscite des doutes dans mon esprit (pourquoi pas simplement « zéro » ?), cette information suffit à me rassurer. Du coup, j'oublie tout simplement la question et me mets à regarder un film avec Jennifer Lopez (avouons-le, nous avons tous des plaisirs coupables). C'est le cœur léger que j'arrive à Nairobi. Assise sur le canapé de la maison d'un ami kenyan, je m'apprête à regarder sur Netflix le nouveau documentaire raconté par Obama dont je vous ai parlé dans le premier chapitre et qui venait tout juste de sortir. Par hasard, nous arrivons sur la page des engagements climatiques de Netflix, qui, comme Air France, parle de « net zéro » : la compagnie « s'engage à atteindre l'objectif Net Zéro carbone d'ici la fin de l'année 2022 et pour les années suivantes »[88].

« Fantastique », me dis-je, « eux aussi sont des gens bien ». Avec la multiplication des mouvements pour le climat, les « Gretas » et l'accélération du réchauffement climatique et

---

[87] « Air France lance "Air France Act", un programme présentant sa nouvelle trajectoire de réduction des émissions de Co2 », Air France, 2021 : https://corporate.airfrance.com/fr/actualite/air-france-lance-air-france-act-un-programme-presentant-sa-nouvelle-trajectoire-de

[88] Emma Stewart, « Net Zéro carbone + Nature : Notre engagement pour le climat », *Netflix*, 2021 : https://about.netflix.com/fr/news/net-zero-nature-our-climate-commitment

de ses impacts sur la planète, la crise que nous vivons est devenue indéniable pour la plupart des gens. C'est une bonne chose, non ? Cependant, une partie des réductions promises par Netflix, comme on peut le lire sur leur site, repose sur le financement de projets permettant de capturer la même quantité de carbone que celle émise par l'entreprise. « D'ici la fin de l'année 2021, nous allons neutraliser les émissions qu'il nous est impossible d'éliminer [...] en investissant dans des projets qui retiennent le CO_2. Nous commencerons par préserver les zones naturelles en danger, comme les forêts tropicales qui sont essentielles à la réalisation des objectifs climatiques mondiaux. »

Je ne vois pas très bien comment les émissions de Netflix peuvent être « neutralisées ». Intriguée, je commence à faire des recherches sur Internet. Toutes les entreprises les plus connues et parmi les plus polluantes du monde, de Shell à Total, d'Unilever à Nestlé, toutes parlent de « net zéro », toutes nous disent qu'elles vont réduire leurs émissions « nettes ». « Net », j'apprends, ne signifie pas que les entreprises cesseront de produire des émissions. « Net » signifie que leurs émissions seront « compensées ». Mais comment peut-on « compenser » les émissions de carbone produites, par exemple, par la destruction d'une forêt, l'extraction ou la combustion de pétrole ?

J'apprends aussi que bon nombre de ces projets utilisés par les entreprises pour compenser leurs émissions sont désormais appelés « Solutions fondées sur la Nature (SfN) ». Le nom est génial, je sais. Trop beau pour être vrai. Il pourrait s'agir, me dis-je, d'un concept créé par une entreprise multinationale en pleine opération de lavage de réputation. Cependant, sur l'origine de ce nom, je me trompe. Apparu pour la première fois en 2009, dans un document préparé par l'Union internationale pour la conservation de la nature (UICN) pour les négociations mondiales sur le climat, ce concept a été présenté par les principales organisations de protection de la nature comme la « solution oubliée » au changement climatique. L'idée est très simple : la nature détient les solutions à nos différentes crises environnementales et, dans le cas du changement climatique, nous pouvons l'atténuer en évitant d'augmenter les émissions des écosystèmes naturels et agricoles (c'est-à-dire en créant davantage d'aires protégées) ou en augmentant la séquestration du carbone dans ces écosystèmes (c'est-à-dire en plantant des arbres ou en restaurant des forêts). Supposons que Total (qui se trouve parmi les partisans des SfN) libère une quantité donnée de CO_2 dans l'atmosphère. Pour affirmer que l'entreprise respecte ses engagements en matière de climat, Total peut continuer à rejeter exactement la même quantité de CO_2 à condition de soutenir également la création d'une aire protégée, censée stocker la même quantité de CO_2, ou de planter des arbres, également censés absorber la même quantité de dioxyde de carbone. Cet échange, entre CO_2 émis et CO_2 stocké ou absorbé par un projet, a lieu sur les marchés financiers par la création de crédits carbone que Total (comme d'autres entreprises) peut acheter. Le problème du climat pourrait donc être résolu grâce au marché : une affaire rapide et indolore, quelques transactions financières et, abracadabra, tout est résolu. Et voilà donc une autre solution magique qui ne repose pas sur des changements significatifs de la part des grandes économies et des multinationales. La conservation, une fois de plus, et cette fois ouvertement, est main dans la main avec le capitalisme : simultanément détruire et protéger la nature est parfaitement possible. Mais est-ce vraiment le cas ?

Avec mon ami kenyan, nous essayons de comprendre un peu mieux les projets que Netflix soutient pour « neutraliser » ses émissions : en quoi consistent-ils ? Et comment fonctionnent-ils ? Nous nous rendons sur le registre de Verra[89], l'organisme chargé de superviser la certification des crédits carbone générés par différents projets pour s'assurer qu'ils compensent réellement les émissions. Et là, nous sommes étonnés. Parmi les différents projets auprès desquels Netflix achète des crédits carbone et par lesquels l'entreprise affirme « compenser » ses émissions, nous reconnaissons un nom : le Northern Kenya Grassland Carbon Project, un projet du NRT. Ian, rappelons-le, est capable de tout faire. Il peut aussi lutter contre le changement climatique. Bien sûr.

« Ces gens ont vendu notre air »

Le NRT, avec son éloquence et son humilité habituelles, affirme que son projet de carbone dans les prairies du nord du Kenya est « le plus grand projet mondial de séquestration du carbone dans les sols et le premier projet à générer des crédits carbone sur la base de pratiques de pâturage modifiées »[90]. Lancé en 2013, le projet couvre treize conservatoires communautaires, soit la moitié des quatre millions d'hectares du nord du Kenya qui font désormais partie du groupe de *conservancies* du NRT. Pour ceux d'entre vous qui ne connaissent pas très bien le fonctionnement des projets de compensation carbone, il faut savoir que, pour vendre les crédits carbone d'un projet sur le marché, vous devez

---

[89] *Verra Registry* : https://registry.verra.org/
[90] « Carbon Offsetting », *NRT* : https://www.nrt-kenya.org/carbon-offsetting#:~:text=The%20Northern%20Kenya%20Rangeland%20Carbon,on%20modified%20livestock%20grazing%20practices (traduit par nos soins).

démontrer que, d'une manière ou d'une autre, ce projet permet d'éviter les émissions de gaz à effet de serre qui se seraient sinon accumulées dans l'atmosphère, ou qu'il capture du carbone supplémentaire qui n'aurait pas été capturé autrement. En général, ces projets sont, peut-être à dessein, extrêmement complexes et il est facile de se perdre dans les détails. Mais la question de base est simple : comment le NRT peut-il affirmer que, grâce à son projet, davantage de carbone est stocké dans le sol, de sorte qu'il puisse ensuite vendre ce carbone supplémentaire, sous forme de crédits carbone, à des compagnies responsables d'émissions de CO_2 ?

Simon, expert en projets de compensation carbone, l'explique ainsi : « Le projet du NRT repose sur l'idée que le remplacement du pâturage "non planifié" des nombreuses communautés autochtones semi-nomades de la région par un "pâturage rotatif planifié" permettra à la végétation de la région de (re)pousser de manière plus prolifique. Cela se traduira ensuite par un stockage accru du carbone dans les sols des conservatoires. Selon les estimations du projet, le stockage supplémentaire de carbone représente en moyenne environ trois quarts de tonne par hectare et par an. Ainsi, le projet prétend donc générer environ 1,5 million de tonnes de nouveau « stockage » de carbone par an. Sur les trente années prévues, le projet générerait ainsi environ 41 millions de tonnes nettes de crédits carbone à vendre. Aux prix actuels de ces crédits, la valeur brute de ceux-ci pourrait être d'environ 300 à 500 millions de dollars, mais potentiellement beaucoup plus. »

Oui, vous avez bien lu : le NRT, une organisation censée travailler avec les communautés pour protéger la faune et la flore sauvages du Kenya et les aider économiquement, nous dit maintenant que, en changeant le comportement de ces mêmes communautés, on peut gagner un demi-milliard de dollars ou plus en vendant des crédits carbone aux entreprises polluantes. Les éleveurs pastoraux qui vivent dans les zones semi-désertiques font déjà partie des personnes susceptibles d'être les plus touchées par le changement climatique. Je me demande donc s'il est juste que les solutions à ce changement climatique, auquel ils n'ont pratiquement pas contribué, leur incombent. Ou, pire encore, si ces prétendues solutions s'avèrent inutiles, les éleveurs finiraient par payer le prix de la sécheresse amplifiée par le changement climatique, celui des prétendues solutions qui impliquent de changer leur mode de vie, et enfin celui de l'inaction de nos fausses solutions, qui permettrait aux entreprises émettrices de continuer à réchauffer la planète et avoir un impact sur leurs terres...

Apparemment indifférente à ces questions, l'Union européenne, dans un document datant de 2021, continue de célébrer avec enthousiasme les projets de Ian :

> Les conservatoires communautaires du Northern Rangelands Trust (NRT), soutenus par l'UE, génèrent également des flux de revenus importants grâce à l'amélioration de la productivité des pâturages, y compris des crédits de carbone provenant de la séquestration du carbone dans les sols sur 2 millions d'hectares de réserves[91].

---

[91] « NaturAfrica, The Green Deal approach for EU support to biodiversity conservation in Africa », *European Commission-Directorate-General for International Partnerships*, 2021 (traduit par nos soins).

Mais ces flux de revenus, à qui vont-ils ? Et quel est le prix à payer par les communautés locales ? Celles-ci sont-elles d'accord avec ce projet ? Et est-ce qu'elles sont d'accord avec le fait que l'on décrive leurs zones de pâturage, très importantes à leurs yeux, en termes de « productivité » ? L'Union européenne se sera vraisemblablement renseignée sur ces détails avant de qualifier le programme des conservatoires du NRT de « modèle » pour le type de projets de protection de la nature qu'elle entend mener dans le cadre de son nouveau programme de conservation « NaturAfrica », qui couvrira plus de trente pays d'Afrique.

Au contraire, il semblerait que non. D'après les entretiens avec les éleveurs pastoraux, beaucoup d'entre eux nous disent qu'ils ne comprennent pas vraiment ce que le NRT fait avec leurs terres. Nombre d'entre eux n'ont jamais entendu parler des « crédits carbone » ou n'y comprennent pas grand-chose. À leurs yeux, Ian est d'abord venu pour prendre leurs terres et les transformer en aires protégées, et maintenant il prend autre chose : « Ces gens ont vendu notre air », déclare un éleveur. Ne pouvant pas « voir le carbone », la population locale l'associe parfois à l'air. « Beaucoup d'entre nous sont analphabètes, donc il y a beaucoup de choses que nous ne comprenons pas. Ils ont dit que les Européens nous paieraient pour leurs émissions. Nous sommes confrontés à une situation difficile avec la sécheresse et l'UE veut payer pour nous aider. » Mais la somme d'argent qui ira aux communautés, comme nous le découvrons en lisant le projet du NRT, sera infime par rapport aux profits. Alors que, selon nos estimations, entre 46 % et 58 % des revenus totaux iront directement au NRT et à l'agence désignée pour commercialiser les crédits carbone, seuls environ 3 % à 3,9 % du total iront théoriquement à chacun des conservatoires, dont

20 % serviront à « des activités de gestion du pâturage » (donc à limiter l'accès à leurs terres). Pour les 60 % de ce qui était en principe distribuable à chaque conservatoire (soit environ 2 % du total), les conservatoires devraient soumettre une proposition de projet à un fonds commun dont les décisions d'attribution reviendront au NRT. Il n'est pas nécessaire d'avoir un prix Nobel de mathématiques pour comprendre l'injustice de cette distribution. Nous découvrons également que l'accord formel – le contrat entre le NRT et les conservatoires, par lequel ces derniers donnent la permission de vendre des crédits carbone en leur propre nom – n'a été conclu que huit ans et demi après le début du projet, alors que le NRT avait déjà vendu de nombreux crédits carbone : voilà la fameuse « participation » des populations locales tellement médiatisée par les ONG de protection de la nature.

Bien sûr, il ne fallait pas s'attendre à autre chose. Cependant, ne vous méprenez pas. Le NRT ne se contente pas de tromper les éleveurs pastoraux, là-bas au Kenya. Ce projet a peut-être été conçu dans les années 2000, mais ses fondements remontent plus loin dans le passé. L'idée générale sur laquelle repose « l'augmentation du stockage de carbone dans les sols » dans ce projet, et donc ce qui permettrait de « compenser » les émissions de Netflix, c'est le vieux mythe selon lequel les éleveurs pastoraux pratiquent le « surpâturage » et ruinent les sols, et qu'il appartient donc au NRT d'apprendre aux éleveurs à faire paître le bétail « durablement ». Comme le dit le NRT dans ces quelques phrases incroyables :

> Ce projet vise à éliminer les gaz à effet de serre de l'atmosphère en mettant en œuvre une gestion durable des pâturages sur une vaste

zone de savanes et de prairies dans le nord du Kenya. Le surpâturage pratiqué dans le passé par les éleveurs de plus de six groupes ethniques autochtones de la région, dont les Massaï, les Samburu, les Borana et les Turkana, a appauvri les sols en matière organique, réduisant considérablement la couverture végétale pérenne et la production potentielle de fourrage pour le bétail[92].

Sans le projet, explique le NRT, « les populations sont susceptibles de compenser [le problème d'appauvrissement des sols] par une migration accrue sur de longues distances vers des zones à plus forte pluviosité dans les régions voisines du Kenya, y compris les zones protégées et les terres privées »[93]. Pour répondre à ce « problème », le projet apporte la solution :

> [...] amener les communautés locales, orientées autour de treize conservatoires [...] à s'engager dans de nouvelles pratiques planifiées de pâturage par rotation, par opposition au pâturage répété et permanent, simultanément sur toutes les terres de pâturage. Ces nouvelles pratiques, qui n'auraient pas lieu sans un revenu important généré par le carbone pour motiver un changement de comportement des éleveurs, permettront la reprise des herbes pérennes et la restauration du carbone organique du sol[94].

Les éleveurs borana, cependant, affirment que l'hypothèse de base du projet est fausse, car ils pratiquent un type de pâtu-

---

[92] « Northern Kenya Grassland Carbon Project », CBB & VCS Project Description, document préparé par Soils for the Future, LLC, The Nature Conservancy, The Northern Rangelands Trust, 2020, p. 9 : https://registry.verra.org/mymodule/ProjectDoc/Project_ViewFile.asp?FileID=46655&IDKEY=l98klasmf8jflkasf8098afnasfkj98f0a9sfsakjflsakjf8dm64337245 (traduit par nos soins).
[93] *Ibid.* p. 34.
[94] *Ibid.* p. 9.

rage durable et rotatif depuis des millénaires. C'est la raison pour laquelle ils sont capables de survivre dans une zone géographique aussi « hostile », et ce n'est certainement pas une famille de ranchers qui leur dira comment faire paître : « Nous pratiquons des méthodes de pâturage traditionnelles. C'est notre loi (*Gada*) de laisser de l'eau pour les animaux sauvages pendant la nuit. Nous avons des modèles de pâturage basés sur la saison sèche et la saison des pluies. C'est pourquoi nos terres ont une bonne végétation. Les animaux sauvages veulent également rester ici en raison de la bonne végétation. Nos aînés se réunissent pour discuter du pâturage : cette fois-ci, nous pâturons ici, cette fois-là, là-bas. Les Borana possèdent les meilleurs animaux d'Afrique de l'Est grâce à ce mode de pâturage. Nous sommes des éleveurs pastoraux, la terre est libre, nous sommes des nomades, nous pouvons aller où nous voulons. Les éleveurs pastoraux ne demandent pas la permission : ils se déplacent tout simplement. »

Donc, pour ceux d'entre vous qui sont perdus, laissez-moi résumer la réalité selon les conservationnistes. 1) Les sols sont dégradés et la dégradation supposée est due aux éleveurs pastoraux et à leur « surpâturage ». 2) En raison de cette dégradation, on craint que les éleveurs finissent par se déplacer dans les endroits où il pleut davantage et les terres sont plus vertes, mais où les colons blancs qui ont volé leurs terres et créé des ranchs, ainsi que des conservatoires privés, ne veulent pas les voir. 3) Ce qu'il faut faire, c'est changer le comportement des éleveurs, leur apprendre comment et où faire paître leurs troupeaux car, en des milliers d'années, ils n'ont toujours pas compris comment le faire ; il faut aussi leur verser un peu d'argent pour qu'ils restent là où ils sont. 4) Pendant ce temps, le NRT gagne des millions en vendant des crédits carbone pour une activité que les éleveurs font déjà, et les grandes entreprises comme Netflix peuvent pour l'instant garder à distance les « Gretas » en continuant à proclamer qu'elles « compensent » leurs émissions.

Mais malheureusement, ce sont les éleveurs pastoraux et nous tous qui payons pour cette distorsion de la réalité : si rien n'est fait pour lutter contre le changement climatique, la sécheresse deviendra plus longue et extrême à l'avenir, affectant les éleveurs, leur mode de vie et notre planète. Au contraire, la réduction des zones de pâturage due à la création de conservatoires privés et communautaires, avec leurs clôtures et leurs gardes armés, érode la résilience des éleveurs, car la mobilité est ce qui leur a permis de survivre dans des zones de sécheresse extrême.

Le voici dans toute sa dure réalité, le cercle infernal du capitalisme vert. Après avoir été l'objet de nos rêves touristiques, la « nature » où vivent de nombreux peuples autochtones est aujourd'hui notre solution au changement climatique, une solution qui n'implique aucun sacrifice de notre part, mais un sacrifice entier de leur part à eux. Le carbone stocké dans leurs terres et leur végétation est désormais évalué en dollars, et le prix fixé par les marchés financiers. Cette « nature » a été transformée pour faire du foyer de communautés entières du « capital » : à dépenser, à vendre, à acheter, à rendre productif. Mais en « vendant leur air », les conservationnistes ne se contentent pas d'accaparer les terres des peuples autochtones et d'en tirer profit tout en voulant sauver les animaux qui leur sont chers. En transformant les zones de pâturage en crédits carbone, Ian et ses amis imposent une relation monétaire à la nature, là où les peuples autochtones entretiennent un lien sacré à la terre et à leur bétail – le même lien qui leur a permis de protéger ces lieux depuis des générations.

Alors qu'auparavant, au temps de la colonie, les communautés locales devaient être punies pour leur comportement « primitif », elles doivent maintenant apprendre à embrasser le « développement » et à traiter leurs terres comme des marchandises, en étant toujours considérées comme « incapables » de prendre soin par elles-mêmes de leur environnement. En devenant une marchandise, la nature n'a de valeur que si elle peut nous être « utile », si elle peut être quantifiée et si elle peut être exploitée pour en tirer profit.

Mais n'est-ce pas précisément cette façon de traiter la nature comme une marchandise à exploiter qui nous a menés ici ? je m'interroge en regardant les chameaux, animaux habitués au désert, marcher sous le soleil en quête d'eau. Eux aussi ont l'air désespérés. Les éleveurs pastoraux, après tout, le savent bien, le capitalisme vert est un mythe : « Les gens comme Ian détruisent tout simplement notre environnement », me dit un Borana, les yeux pleins de colère. Incapables d'être cotées en bourse, les paroles de l'éleveur se perdent au loin, dans le désert que nous avons peut-être contribué à créer avec notre argent.

Les cinquante nuances de vert[95]

Je regarde le tableau au moins trente fois. Il s'agit d'une peinture allemande du XIXe siècle[96]. Je me trouve dans un musée à Berlin et ne peux plus continuer la visite de l'exposition. Je suis bloquée. La femme au centre du tableau est une paysanne, elle a

---

[95] Frédéric Hache, « 50 Shades of Green: the rise of natural capital markets and sustainable finance – Part I. Carbon », *Green Finance Observatory*, 2019.
[96] Monogrammist A.L, *Ertappt beim Reisigsammeln*, 1848.

l'air plutôt pauvre, ou peut-être devrais-je dire qu'elle est habillée humblement. Elle ramasse du bois avec sa fille quand elle est surprise par ce que je suppose être un forestier. Je ne peux détacher mon regard du visage indigné de la femme et du visage bouleversé de sa fille, que le peintre a si bien su capter. Au bout du compte, elles ont juste besoin d'un peu de bois pour allumer le feu, elles ont juste besoin de cuisiner, de se réchauffer, d'exister. Elles ne détruisent rien. Mais ce bois appartient manifestement à quelqu'un d'autre ou se trouve sur les terres de quelqu'un d'autre, car la femme est traitée comme une voleuse, obligée de laisser le bois récolté sur place et de payer une amende, comme l'indique la feuille de papier que tient dans ses mains le garde forestier. J'ai vu des scènes similaires à de nombreuses reprises lors de mes missions sur le terrain. Des agriculteurs, des pêcheurs, des éleveurs pastoraux, des chasseurs-cueilleurs, le visage désespéré et triste, parce que les ressources naturelles dont ils dépendent étaient devenues la propriété de quelqu'un d'autre et que les prendre signifiait être arrêté, condamné à payer une amende ou, pire, battu, voire tué. Mais l'exposition me parle d'une histoire qui va plus loin, plus loin même que le colonialisme d'où nous avons commencé notre long voyage. L'exposition porte sur Marx et le capitalisme, et cette peinture s'inscrit dans une réflexion plus profonde sur la marchandisation de la nature et le mouvement des enclosures. Nous l'avons peut-être oublié, mais avant même d'expulser les peuples autochtones de leur « nature », certains de nos ancêtres, ici en Europe, ont été contraints de quitter leur propre « nature ». Dans l'histoire sociale et économique de l'Angleterre, le mot « *enclosure* » indique un processus qui a gagné du terrain autour du XVIe siècle et a mis fin aux droits traditionnels que certains paysans détenaient sur des terres à usage collectif. En pratique, les parcelles de terre où les paysans pouvaient auparavant collectivement faire paître leurs animaux, ramasser du bois ou d'autres choses, ont été privatisées et clôturées, et l'utilisation de la terre a alors été limitée au seul propriétaire. Ce processus de privatisation des terres collectives, qui a ensuite eu lieu également dans certains pays d'Europe continentale, a été une des raisons qui ont contraint des milliers de paysans à quitter les campagnes pour les villes. Ce phénomène a alimenté ainsi la première révolution industrielle en main-d'œuvre bon marché ; au-delà de nos mers, l'esclavage a participé aussi à consolider les empires industriels et financiers naissants. Ces premières délimitations de terres auparavant destinées à un usage collectif ont également été réalisées au nom de la « conservation » : c'est le cas du parc de Richmond à Londres, créé par le roi Charles Ier à des fins de chasse sportive en 1625[97]. À ma grande surprise (je ne le savais pas), j'ai lu sur les cartels de l'exposition que Marx avait défendu à de nombreuses reprises le droit des paysans allemands à récolter du bois dans les forêts, à partager les ressources d'une nature qui, selon lui, ne devait pas être privatisée. Marx considérait la privatisation des terres à usage collectif comme un facteur important pour le développement du capitalisme.

Mais le processus d'enclosures ne marque pas seulement une étape essentielle dans la marche de l'économie capitaliste, basée sur l'accumulation infinie du profit et la propriété privée. Avec les enclosures et la privatisation des terres à usage collectif, une certaine relation que les paysans européens entretenaient avec la nature s'est également effacée. Beaucoup d'entre eux, qui vivaient

---

[97] « Today in London's anti-enclosure history, 1751: a crowd force entry into Richmond Park », *Past Tense*, 2019 :
https://pasttenseblog.wordpress.com/2019/05/16/today-in-londons-enclosure-history-1751-a-crowd-force-entry-into-richmond-park/

jusqu'alors de la terre, se retrouveront dans les usines inhumaines des villes européennes ; ces usines, qui, en détruisant les forêts, en empoisonnant les rivières, en polluant l'air, en ouvrant les sols et – ne l'oublions pas – en exploitant les gens comme main-d'œuvre, jetteront les bases d'un nouveau mode de vie. Un mode de vie dans lequel l'homme et la nature sont séparés, dans lequel les ressources naturelles et les êtres humains n'ont pas de valeur, mais ont un prix – décidé non pas par nous, mais par le marché et son mécanisme de l'offre et de la demande. Un mode de vie rendu possible et alimenté non seulement par ces paysans européens paupérisés, mais aussi, au-delà de l'Europe, par des personnes réduites en esclavage dans des plantations de coton, de sucre, de tabac ou de cacao.

C'est par cela que le livre aurait dû commencer. C'est dans cette dichotomie essentielle entre nous et la nature, dans cette transformation qui fait des êtres humains et de la terre qui nous donne la vie des objets à exploiter, à transformer et à vendre pour le profit, que devrait démarrer tout livre traitant de la protection de la nature. C'est dans cette relation mercantile entre nous et les autres, ou entre nous et ce qui nous est extérieur, que réside la base de la destruction de notre planète commune. C'est aussi cette séparation entre humains et nature qui est à l'origine de notre modèle dominant de conservation. C'est pendant les destructions humaines et environnementales menées par les révolutions industrielles, qui se suivent en Europe à partir du XVIIIe siècle, que la crainte de la perte de « notre » nature par les élites urbaines nous conduit à vouloir la « protéger » ailleurs, sans remettre en question, pour la plupart, le processus industriel même. Notre idée de « conserver » trouve ses racines dans la destruction : parce qu'on détruit, on protège ; et parce qu'on protège, on peut alors continuer de détruire. Comme le soutiennent les professeurs Bram Büscher et Robert Fletcher : « La conservation et le capitalisme se sont intrinsèquement coproduits, par conséquent, la dichotomie nature-culture est fondamentale pour les deux. »[98] Alors s'il s'agit là, en fait, du début, pourquoi finir par cela ? Car c'est toujours là que nous mène notre « conservation de la nature ». En effet, aujourd'hui encore, les réponses de nos gouvernements et des ONG de protection de la nature aux problèmes environnementaux créés par le capitalisme lui-même consistent en davantage de croissance économique, davantage de séparation entre l'humain et la « nature », davantage de capitalisme – bien qu'il revête, cette fois-ci, une couleur différente : un capitalisme vert. Mais il ne faut pas se faire d'illusions. Nous l'avons vu : le modèle de conservation dominant – permettez-moi d'être claire – n'a pas pour objectif, et ne l'a jamais eu, de nous sauver de la destruction causée par le colonialisme ou le capitalisme. Au contraire. Il sert à les sauver eux.

Dans ce qui peut être considéré comme le manifeste des conservationnistes du XXIe siècle, « Un monde positif pour la nature : l'objectif mondial pour la nature »[99], les grandes ONG de protection de la nature, dont nos vieux amis le WWF, la WCS, l'UICN et The Nature Conservancy, ne manquent pas d'enthousiasme. Bien sûr, le monde va mal, l'humanité fait la

---

[98] Bram Büscher and Robert Fletcher, *The Conservation Revolution. Radical Ideas for Saving Nature Beyond the Anthropocene*, Verso, 2020, p. 72.
[99] Harvey Locke, Johan Rockström, Peter Bakker, Manish Bapna, Mark Gough, Jodi Hilty, Marco Lambertini, Jennifer Morris, Paul Polman, Carlos M, Rodriguez, Cristián Samper, M. Sanjayan, Eva Zabey and Patricia Zurita, « A Nature-Positive World : The Global Goal for Nature », 2020 : https://f.hubspotusercontent20.net/hubfs/4783129/Nature%20Positive%20The%20Global%20Goal%20for%20Nature%20paper.pdf

guerre à la nature, la perte de biodiversité est dangereuse, la crise climatique est à nos portes avec l'augmentation des températures. Mais la raison précise de tout cela n'est jamais indiquée. Une humanité générique est responsable, car c'est « notre » utilisation – comprenez à nous tous – des combustibles fossiles qui en est à l'origine. Pourtant, nous connaissons très bien certaines causes et certains facteurs aggravants de la destruction de l'environnement : le vol de terres pour exploiter des ressources naturelles (comme le cobalt pour nos téléphones[100]) ou pour créer des aires protégées destinées aux touristes, les pesticides empoisonnés vendus par des multinationales[101] qui s'approprient aussi les semences des agriculteurs, l'industrie pharmaceutique et ses crimes environnementaux[102], l'industrie militaire et ses émissions[103], les inégalités[104] décuplées par une dérégularisation de la finance et des réformes de la taxation des riches, les évasions

---

[100] « Ecological and sanitary disaster in the cobalt mines of Kolwezi, DR Congo », *Environmental Justice Atlas* : https://ejatlas.org/conflict/kolwezi-ecological-and-sanitary-disaster

[101] Soren Seelow, « Monsanto, un demi-siècle de scandales sanitaires », *Le Monde*, 2012. https://www.lemonde.fr/planete/article/2012/02/16/monsanto-un-demi-siecle-de-scandales-sanitaires_1643081_3244.html

[102] Lofti Belkhir, « L'industrie pharmaceutique émet plus de gaz à effet de serre que l'industrie automobile », *The Conversation*, 2019 : https://theconversation.com/lindustrie-pharmaceutique-emet-plus-de-gaz-a-effet-de-serre-que-lindustrie-automobile-118251

[103] Sonner Kehrt, « The U.S. Military Emits More Carbon Dioxide Into the Atmosphere Than Entire Countries Like Denmark or Portugal », *Inside Climate News*, 2022 : https://insideclimatenews.org/news/18012022/military-carbon-emissions/

[104] « Addressing large inequalities in carbon emissions is essential for tackling climate change », *World Inequality Report 2022*, Harvard University Press : https://wir2022.wid.world/executive-summary/

fiscales d'entreprises et de particuliers multimillionnaires[105], la déforestation[106] incessante causée, entre autres, par la consommation de soja, d'huile de palme, de bois, etc., la complicité des politiciens et des industries[107] pour perpétuer l'absence de réglementations environnementales et climatiques contraignantes et efficaces et pour affaiblir celles qui existent déjà. Tout cela (et je pourrais continuer) doit être oublié. Parce que l'avenir sera positif ou ne sera pas. Ensemble, des multinationales telles que Dow Chemical, L'Oréal, Nestlé, Shell et les conservationnistes nous promettent un « monde équitable, neutre en carbone et respectueux de la nature ».

En tant que « rabat-joie », je ne peux que me demander : mais comment protéger la biodiversité, lutter contre le changement climatique et, dans le même temps, continuer à accroître les bénéfices des entreprises qui polluent et produisent des émissions ? Parce que la possibilité de réduire les profits et d'arrêter la croissance n'est mentionnée nulle part dans le « manifeste ». C'est hors de question. Après le « développement durable », voici la nouvelle recette du bonheur des conservationnistes et

---

[105] « The hidden environmental consequences of tax havens », *Stockholm Resilience Center*, 2018 : https://www.stockholmresilience.org/research/research-news/2018-08-13-the-hidden-environmental-consequences-of-tax-havens.html
[106] Florence Pendrill, U. Martin Persson, Javier Godar, Thomas Kastner, Daniel Moran, Sarah Schmidt, Richard Wood, *Agricultural and forestry trade drives large share of tropical deforestation emissions*, Global Environmental Change, Volume 56, 2019 : https://www.sciencedirect.com/science/article/pii/S0959378018314365
[107] Lora Verheecke et Olivier Petitjean, « Lobbys contre citoyens. Qui veut la peau de la convention climat ? », *Observatoire des multinationales*, 2021 : https://multinationales.org/fr/enquetes/qui-veut-la-peau-de-la-convention-citoyenne-pour-le-climat/

de beaucoup de nos dirigeants (y compris du président Macron) : le capital naturel. Et c'est ainsi que les grandes ONG conservationnistes veulent sauver notre monde : en donnant un prix à la nature, à tout ce qui nous entoure, à l'air que nous respirons, à l'eau que nous buvons, aux animaux que nous aimons. Sauver la nature en la transformant en capital, nous disent-ils, « est une opportunité pour l'économie mondiale, qui, selon les estimations, pourrait générer jusqu'à 10 100 milliards de dollars de valeur commerciale annuelle et créer 395 millions d'emplois d'ici 2030 »[108]. Oui, les grandes ONG de protection de l'environnement et les hommes d'affaires nous expliquent que nous aurions, si la « nature » avait un prix, tous intérêt à la protéger. Frédéric Hache, expert en finance verte, l'exprime ainsi : « Pour les idéologues du capital naturel, la nature est considérée comme un ensemble de biens et de services (services écosystémiques) qui contribuent directement ou indirectement au bien-être humain et peuvent être valorisés et échangés sur les marchés financiers. Tout ce qui ne contribue pas au bien-être humain est donc ignoré et considéré comme sans valeur. »[109] Mettre un prix à l'Amazonie et la transformer en action dans les marchés financiers, voilà leur solution. Si le profit à gagner de cette inversion est supérieur à ce que l'on gagne en la détruisant, l'Amazonie aura une chance de survivre.

---

[108] Harvey Locke, Johan Rockström, Peter Bakker, Manish Bapna, Mark Gough, Jodi Hilty, Marco Lambertini, Jennifer Morris, Paul Polman, Carlos M, Rodriguez, Cristián Samper, M. Sanjayan, Eva Zabey and Patricia Zurita, « A Nature-Positive World: The Global Goal for Nature », 2020 : https://f.hubspotusercontent20.net/hubfs/4783129/Nature%20Positive%20The%20Global%20Goal%20for%20Nature%20paper.pdf

[109] Frederic Hache, Clive L. Spash, « Report "Nature, life & relations – 'optimised': a policy brief on the Dasgupta Review" », *Green Finance Observatory*, 2021, p. 10.

Mais est-ce qu'on est sûr de vouloir confier l'existence de notre « nature » au marché financier ? Et qui détermine ce qui relève du bien-être humain et a de la valeur ? Les marchés financiers ? Les conservationnistes ? Nos dirigeants ? Le président Macron ? Et seul ce qui a un prix à nos yeux mérite-t-il d'être sauvé ? Et sauvé par qui ? Les marchés financiers peuvent-ils nous sauver de quoi que ce soit ?

Dans le silence créé par la chaleur, les peuples autochtones du Kenya prient leurs dieux, pratiquent leurs rituels, pleurent en silence pour une pluie qui ne vient jamais. Mais surtout, ils continuent à faire paître leurs troupeaux. Assise au bord de la route, une clôture dans le dos et quelques enfants éleveurs devant moi, ces vastes étendues de fil de fer me semblent d'une terrible absurdité. Des terres qui sont « protégées » de leurs véritables « protecteurs » : les éleveurs pastoraux. Je ferme les yeux et pense aux Baka, aux Massaï, aux Baiga, et à tous les peuples autochtones que j'ai vus comme ça, de l'autre côté de ces clôtures (même immatérielles)[110], délimitant ce que l'on qualifie « d'aires protégées », que nous avons créées contre eux. D'un côté, les animaux que nous aimons ; de l'autre, les humains que nous n'aimons pas.

Ces hommes et ces femmes jetés hors des zones « protégées », expulsés, accusés, punis, tués, au nom de la « protection

---

[110] Pas toutes les aires protégées ont des clôtures physiques qui limitent l'entrée et la sortie, le dedans du dehors. Dans certains cas, les limites sont imposées et connues par la population simplement en raison de la violence des gardes-parc, qui les frappent et les maltraitent s'ils trouvent des personnes autochtones ou locales au sein du parc.

de la nature », de l'époque de la colonie à celle du capitalisme vert, semblent poser un grand point d'interrogation sur notre propre existence. Est-ce seulement en les combattant que nous pourrons sauver la planète ? Est-ce seulement en séparant la « nature » de ces hommes et femmes qui l'habitent et l'aiment que nous pourrons gagner ? Est-ce la seule alternative ? Et pourtant, plus nous les combattons, plus nous créons d'aires protégées, plus nous, nos entreprises, nos solutions basées sur le marché gagnons, plus la destruction de l'environnement menace notre existence, plus le changement climatique s'accélère et des espèces animales disparaissent. Pourtant les mythes sont là, véritables forteresses défendant l'indéfendable.

« Nous vivons avec notre faune et notre flore depuis des temps immémoriaux. Nos ancêtres vivaient avec les animaux, c'est pourquoi on ne trouve d'animaux que chez nous », répètent les éleveurs pastoraux. Rituels séculaires, esprits lointains, connaissances transmises d'une génération à l'autre, règles de partage, tels sont les secrets que gardent ces éleveurs pastoraux : « Nous savons où se trouvent les éléphants, où ils mangent. Nous transmettons nos connaissances aux nouvelles générations. En suivant notre loi traditionnelle, nous partageons les pâturages et l'eau avec les animaux sauvages ; nous ne pouvons pas enfreindre la loi. Nous laissons l'eau aux animaux sauvages après que notre bétail a bu. » Alors que nous rentrons à l'hôtel, fatigués de la journée, quelques gouttes tombent du ciel, éclaboussant violemment le sol, et je me mets à pleurer d'émotion. C'est eux, les éleveurs pastoraux, me dis-je. Car, oui, eux peuvent vraiment tout faire.

Siffle le vent[111]

Les Borana, tous des hommes, se serrent sous le toit de chaume en cet après-midi déjà chaud, et parlent du Northern Rangelands Trust (NRT). Je pourrais tout aussi bien être à une réunion de famille en Italie : ils crient tous, on dirait qu'ils sont sur le point de se frapper, mais ensuite ils commencent à rire et à se serrer dans leurs bras. Simon et moi ne comprenons pas un mot. Pour être honnête, je souris, mais Simon regarde cette scène se dérouler avec une panique britannique : la panique de quelqu'un pour qui parler fort est un signe de mauvais augure. Notre traducteur, Jadir, contrairement à son air doux, est parmi les premiers à élever la voix contre un homme qui semble être du côté de Ian. Ils agitent tous leurs bâtons et froncent les sourcils. Fascinée comme je le suis par ces échanges masculins, je n'ai pas immédiatement remarqué sa présence. Assise dans un coin, la tête basse et l'air triste, se trouve une femme. Elle a l'air âgée, mais je ne sais pas si c'est dû à son âge ou au lourd fardeau qu'elle semble porter dans son cœur. Je ne l'aperçois que lorsqu'un Borana fait mine de partir, fatigué de la discussion : mais les autres lui courent après et l'arrêtent. L'homme retourne à son siège et se met à rire. La dame, me dit-on, s'appelle Kumpa Halkano. Lorsque je demande si je peux lui poser quelques questions, un silence amer envahit soudain la pièce. Ils la font s'asseoir en face de moi, comme si elle n'avait plus la force de bouger seule. Les hommes baissent leurs bâtons et, pour la première fois, je sens qu'ils sont tous d'accord. Mais même si personne ne crie plus, je ne peux pas vraiment entendre

---

[111] « Fischia il vento » (en français : Siffle le vent) est une chanson populaire italienne, écrite par un membre de la Résistance italienne en septembre 1943.

les réponses de Kumpa : elle semble toujours manquer de force, même pour parler. Je suis donc obligée de répéter les questions et de répéter les réponses qu'elle me donne. Je veux m'assurer que j'ai bien compris.

« Le bébé était-il un garçon ou une fille ? », dis-je froidement comme si, à ce moment-là, elle n'était pas en train de me raconter comment ils ont tué son petit-fils. Je me sens cruelle.

« Un garçon », dit-elle.

« Où le coup de feu l'a-t-il touché ? », je demande, gênée moi-même par mes questions.

Elle se rassoit sur sa chaise, me regarde et recommence à expliquer le jour où elle a cessé de sourire, me fournissant tous les détails dont elle a compris que j'avais besoin : « C'étaient les gardes-parc du NRT. Ils sont venus en uniforme avec des armes. Nous avions nos animaux. Ils nous ont dit : "Donnez-nous une chèvre à manger. N'ayez pas peur de quoi que ce soit." Nous leur avons donné la chèvre et avons vu qu'ils ont allumé un feu et l'ont fait cuire. Puis, plus tard, nous avons vu les gens du NRT revenir. Je voulais m'enfuir, mais Gumata, ma fille, m'a dit : "Nous n'avons pas besoin de nous enfuir, ce sont ceux à qui nous avons donné la chèvre." Mais quand ils se sont approchés de nous, ils nous ont tiré dessus. Gumata a reçu une balle dans le cœur et son enfant dans la tête. Je me suis enfuie avec mes petits-enfants, les autres enfants de Gumata. Gumata et son bébé sont morts sur place. Puis j'y suis retournée et j'ai vu leurs corps. Mes proches sont allés à la police et la police a écrit sur un morceau de papier : "Tués par des hommes samburu." »

Jadir me fait un signe – j'interprète ce geste comme une demande d'arrêter avec mes questions. Avec un sourire et à voix basse, il m'explique que, dans leur culture, « il vaut mieux ne plus parler de ce qui s'est passé, surtout des morts... Il vaut mieux les laisser derrière soi. Il ne sert à rien d'y revenir. » Je prends les mains de la femme avec une main, tandis que je pose l'autre sur mon cœur, qui bat très fort, je la regarde dans les yeux et lui dis : « Je suis vraiment désolée pour mes questions. Dans notre culture, parler de ce qui s'est passé peut servir à une chose, juste une : faire justice. »

Conclusion

Briser les mythes, abattre les clôtures

C'est l'histoire de la vie
Le cycle éternel
Qu'un enfant béni
Rend immortel
La ronde infinie
De ce cycle éternel
C'est l'histoire
L'histoire de la vie[112]

Vous souvenez-vous de ces paroles ? La musique, puissante, descend telle la pluie sur ce qui ressemble à un lever de soleil dans la savane africaine. Tous les animaux cohabitent en harmonie – des plus grandes créatures du monde sauvage comme les éléphants, aux fourmis presque invisibles, en passant par les oiseaux plus colorés les uns que les autres –, chacun jouant un rôle dans ce phénomène mystérieux qu'est « l'histoire de la vie ». Quand j'étais enfant, j'ai regardé le film *Le Roi lion* de Disney plusieurs fois et cette scène était ma préférée. Pour moi aussi, la vie à la fin était une chose mystérieuse, et il était agréable de voir comment chaque animal et chaque plante « avait une place »[113] dans le monde, même les vilaines hyènes ! Ce dont je n'étais pas consciente à l'époque, c'est qu'il manquait une créature dans cette représentation extrêmement belle et émouvante de la nature de Disney. Cette créature aurait plus ou moins pu ressembler à moi,

---

[112] « L'histoire de la vie » (*Circle of Life* en version anglaise) est une chanson composée par Elton John, sur des paroles de Tim Rice, pour le long métrage d'animation des studios Disney, *Le Roi lion*, 1993.
[113] Dans la version anglaise, les paroles font référence à cette « place ». La traduction littérale est : « C'est le cercle de la vie. Et il nous fait tous bouger. À travers le désespoir et l'espoir. Par la foi et l'amour. Jusqu'à ce que nous trouvions notre place. »

une humaine. Dans le paysage de Disney, il n'y avait clairement pas de place pour les humains. J'ai grandi en apprenant à accepter cette idée de base. Nous, les humains, sommes nuisibles à la nature ; nous ne devrions pas vivre à côté de dangereux lions, panthères et que sais-je encore. Nous ne pouvons voir ces animaux qu'à la télévision ou, si on est assez privilégié, voyager loin en tant que touriste pour visiter ces endroits où seuls les animaux ont le droit de vivre. Cela, ai-je appris, est non seulement tout à fait acceptable, mais même recommandé au moins une fois dans la vie pour toute personne plutôt urbanisée. Travailler, gagner de l'argent et ensuite partir en safari. Malheureusement pour moi, je n'ai pas été assez privilégiée dans mon enfance, alors j'ai dû me contenter de ce que j'avais : regarder les documentaires de National Geographic avec mon père à la télévision. Les images soi-disant « réelles » que je pouvais contempler sur National Geographic n'étaient pas différentes de celles qu'on pouvait trouver dans les dessins animés de Disney : que la Walt Disney Company soit maintenant propriétaire majoritaire de National Geographic Partners n'est pas tout à fait surprenant si l'on considère leur imaginaire lié à la « nature ». Il est intéressant de noter, précisément en lisant un article de la revue *National Geographic*[114], que Disney s'est inspiré pour son film *Le Roi lion* d'un lieu réel (pas dessiné) au Kenya, qui s'appelle aujourd'hui Hell's Gate National Park. L'article nous dit que « le décor du film est réel, sauvage et ouvert aux

---

[114] Abbigail Higgins, « Visit the African park that inspired "The Lion King" », *National Geographic*, 2019 :
https://www.nationalgeographic.com/travel/article/see-lion-king-inspiration-hells-gate-national-park#:~:text=When%20visitors%20to%20Hell's%20Gate,roughly%20two%20hours%20from%20Nairobi

visiteurs ». Dans sa propre interprétation de ce que signifie « sauvage », la journaliste qui a écrit l'article nous informe que « les geysers et les sources chaudes du parc sont utilisés pour récolter l'énergie géothermique et alimenter près de la moitié de l'électricité du Kenya ». Oui, après quelques recherches, je découvre que le parc « naturel » abrite la centrale géothermique d'Olkaria, financée par la Banque mondiale et soutenue par le programme environnemental des Nations unies. À ce stade, cela ne devrait plus vous surprendre. Mais ne vous inquiétez pas trop et détendez-vous : outre cette capacité de production d'énergie, le parc dispose de trois campings et d'un tout nouveau spa, que la journaliste de *National Geographic* nous conseille de visiter pour « avoir un aperçu de la manière dont le parc pourrait mêler tourisme et développement à l'avenir ». Si après votre passage au spa, dont l'eau est récoltée dans les puits de la centrale, vous vous sentez coupable de votre empreinte sur l'environnement, vous pouvez, à vélo, visiter le parc jusqu'au site de pique-nique et jusqu'au poste des gardes forestiers : très écologique, n'est-ce pas ?

Je me souviens encore de ce jour à Nanyuki (Kenya), comme on se souvient du jour où quelqu'un vous a brisé le cœur pour la première fois. Cela faisait déjà des années que j'enquêtais sur les abus liés à la conservation de la nature. J'avais été témoin d'expulsions, de tortures et pire encore de la part de gardes forestiers. Je n'étais pas du tout sous le charme des conservationnistes. Néanmoins, je portais encore dans mon cœur l'image du bébé Simba, dont la naissance avait été célébrée par tous les animaux de la savane africaine sur ce magnifique rocher, là-haut près du ciel, dans le film *Le Roi lion*. Ce jour-là, j'ai décidé d'affronter la réalité et j'ai demandé à mon collègue kenyan : « Quelqu'un vivait-il aussi dans le parc de Hell's Gate avant sa création ? » Mon collègue, impassible, m'a dit : « Il y a toujours eu quelqu'un, partout. Sur toutes nos terres. Tu vois, il n'existe pas de nature "vide". La nature n'est pas vide : la nature est "vidée". »

De ses habitants originels, les Massaï, expulsés dans les années 1980, l'article du *National Geographic* ne fait que quelques mentions, principalement pour nous dire comment ils proposent maintenant des randonnées guidées aux touristes. Clairement, pour la journaliste, il n'est pas nécessaire de mentionner comment les Massaï ont été dépossédés de leurs terres : le « développement » est arrivé et ils auraient dû célébrer la perte de leurs sites sacrés. Désormais, ils ne peuvent y accéder que s'ils sont payés pour le faire. Mais les Massaï ne devraient pas se plaindre, car leur sacrifice est bénéfique à tous : une fois expulsés, cet espace « sauvage » a été ouvert aux activités commerciales et la société d'État Kenya Electricity Generating Company (KenGen) a en toute tranquillité pu entreprendre des processus de production d'énergie géothermique.

À ce stade du livre, cette histoire peut sembler répétitive. Mais malheureusement, ce qui se répète, ce ne sont pas les histoires, mais les mythes qui soutiennent notre modèle de conservation et qui rendent systémiques, comme nous l'avons vu, les abus que ce modèle perpétue. Cette histoire du *Roi lion* est une parfaite métaphore de tout ce qui ne va pas dans la façon dont nous prétendons protéger la nature depuis la création du premier parc national : nous nous représentons, à travers des images, des histoires et des films, le paysage du « Hell's Gate » comme une nature sauvage et intacte, pleine de merveilleux animaux sauvages, pour la plupart super mignons, et dénuée d'êtres humains (mythe de la nature sauvage) ; les habitants d'origine ne sont jamais décrits ou mentionnés comme tels, comme s'ils n'avaient rien fait et ne contribuaient en aucune façon à la beauté de ces terres, bien qu'ils y aient vécu pendant des générations. En réalité, ces gens-là, il faut les expulser pour protéger la « nature sauvage » et ensuite oublier qu'ils y ont vécu (mythe du primitif). D'après des années d'« expertise » internationale pour protéger la nature, les expulsions ne suffisent pas : une fois le parc « vidé » des populations autochtones, les autorités peuvent l'ouvrir au tourisme, car c'est particulièrement nous, touristes occidentaux, qui pouvons apprécier la vraie nature et pouvons aider les « Africains » à la protéger avec notre argent (mythe du « Nous savons mieux que vous »). Enfin, nous sommes également satisfaits de l'ouverture d'une centrale géothermique dans notre nature « sauvage », car l'exploitation des ressources naturelles à des fins lucratives et la protection de la nature sont non seulement parfaitement compatibles, mais en plus elles sont interdépendantes : plus il y a d'argent, plus cela engendre de profits, plus la nature sera sauvée (mythe du capitalisme vert).

Depuis l'époque coloniale jusqu'à aujourd'hui, même en camouflant un peu à l'aide de l'économie de marché, nous en sommes toujours là. Nous l'avons vu dans ce livre à maintes reprises. Encore aujourd'hui, notre conservation est comme cette histoire du *Roi lion* : mignonne en surface, mais extrêmement raciste, colonialiste et pleine d'avidité quand on creuse.

Bien sûr, ces mythes sont loin d'être les seuls à nourrir notre vision de la nature ; ils ne sont pas exhaustifs et sont souvent liés entre eux. De plus, comme ma propre expérience me l'a montré, il est tout à fait possible que de nombreux conservationnistes soient davantage influencés par certains de ces mythes que par d'autres. La plupart des employés des ONG de protection de la nature que j'ai rencontrés pensent plus ou moins que « les Africains ne savent pas ce qu'ils font et qu'ils ont besoin de notre aide pour sauver les animaux », plutôt que « seul l'argent peut sauver la nature » (même s'ils finissent par en recevoir beaucoup).

Mais, au-delà de tout cela, ce que montrent l'histoire du *Roi lion* et celles des Baka, des Massaï, des Baiga ou des éleveurs pastoraux kenyans que je vous ai décrites dans ce livre, c'est que ces mythes, dont les racines remontent à l'époque coloniale, voire plus loin, représentent certaines des visions actuelles, des pensées dominantes, des images, de la façon dont nos gouvernements, entreprises, ONG de conservation, médias et certains individus traitent les « questions environnementales ». Ce que ces histoires nous disent aussi, c'est que ces mythes ne sont pas seulement de pures inventions abstraites qui restent dans nos esprits, mais ont des conséquences concrètes sur les gens et la terre : que nous croyions ou non que la conservation est basée sur des mythes, à la fin de l'histoire, les Massaï ont été réellement expulsés du décor du *Roi lion* et une centrale énergétique a été construite à l'intérieur de l'aire protégée. Les personnes et la nature ont été séparées, et la nature a été transformée en marchandise. Et il s'agit là de faits.

Mais ce que l'histoire de Simba et la « nature » de Disney nous montrent aussi très bien, c'est l'attrait extrêmement séduisant exercé par ces mythes. Leur persistance. La résistance qu'ils opposent. Ces images, ces pensées, ces croyances semblent ne pas vouloir s'en aller. Comme dans un film parfait, quelque chose dans ces idées de « nature » est terriblement irrésistible et touchant – un rêve que nous voudrions tous rêver...

Nous nous trouvons maintenant à Montréal. Dans ce paysage urbain, marqué par des gratte-ciels imposants et lumineux, la solution vieille de presque 160 ans apportée par certains chefs d'État pour résoudre la perte accélérée de la biodiversité détonne un peu. Nous sommes en 2022 à la 15ᵉ réunion des Parties à la Convention sur la diversité biologique (cet accord né en 1992 à Rio), et les pays européens, pour une fois, sont unanimes : pour sauver notre planète, il faut doubler la surface de la Terre classée comme aires protégées pour couvrir 30 % de la planète. Le fait que la terminologie et l'idée elle-même aient gagné du terrain sous l'ère coloniale et la deuxième révolution industrielle ne semble pas les gêner. Pas plus le fait que, depuis l'invention des aires protégées jusqu'à aujourd'hui, la biodiversité n'a fait que décliner à un rythme accéléré[115]. Un observateur attentif aurait pu noter que cette perte de biodiversité a été proportionnelle à la croissance de nos économies. Les deux seraient-ils donc liés ? Bah, qui sait ? Sans se décourager, en regardant vers l'avenir, les gouvernements les plus puissants au monde, les multinationales et – bien sûr – leurs alliés, les grandes organisations de protection de la nature, nous disent que oui, c'est ça la solution : créer plus d'aires protégées, en particulier dans les régions où la biodiversité est plus importante. Puis je regarde une carte et me rends compte que les endroits où se trouvent encore des forêts, des rivières propres, des prairies saines, sont majoritairement situés dans le sud du monde, principalement sur les terres des peuples autochtones. Un autre observateur attentif aurait pu se demander, une fois encore, s'il

---

[115] *Global assessment report on biodiversity and ecosystem services of the Intergovernmental Science-Policy Platform on Biodiversity and Ecosystem Services*. E. S. Brondizio, J. Settele, S. Díaz, and H. T. Ngo (editors). IPBES secretariat, 2019, Bonn, Allemagne. 1148 pages. https://doi.org/10.5281/zenodo.3831673

s'agit d'une coïncidence. Et le fait que Shell, Unilever, Nestlé et compagnie embrassent l'idée des 30 % ne devrait-il pas éveiller des soupçons ?

Mais ça suffit ! Espèce de rabat-joie, me disent-ils. Inutile d'y penser : nous avons encore une solution. Une fois de plus, une idée du siècle. Ne voulant pas croire que tous les conservationnistes, universitaires, journalistes, activistes et politiciens qui défendent cette idée sont complètement stupides ou conspirent avec les Bezos et autres milliardaires, je n'ai d'autre choix que de reconnaître la profondeur et la puissance du mythe (et sa beauté bien sûr). Et cette beauté du mythe ne viendrait-elle pas du fait que nous soyons des observateurs lointains ? La distance entre notre regard et cette « nature » à sauver ne serait-elle pas à la base de nos approches « mythologiques » ? Mais, au-delà de toutes conjectures, rappelons-nous que les mythes exercent une fonction. Ils n'ont pas seulement pour but de donner un sens aux choses que nous voyons. Ainsi, en embrassant les mythes qui soutiennent la conservation, et même si nous agissons de bonne foi, qui aidons-nous en fin de compte ?

En regardant les clôtures électrifiées dans le nord du Kenya comme nous l'avons fait dans le dernier chapitre, nous ne pouvons pas nous empêcher de penser que les aires protégées sont peut-être l'incarnation la plus visible et la plus violente de la séparation entre les humains et la nature. Cette séparation, redisons-le, se trouve à l'origine même de la destruction de notre planète. Nous cherchons à la protéger avec la même logique qui la détruit. La façon dont nous prétendons protéger la nature et la façon dont nous la détruisons sont complètement imbriquées : elles font partie du même système. Plus nous détruisons, plus nous voulons protéger. Ce n'est pas un hasard, comme le dit l'universitaire Aby Séne : « La croissance la plus spectaculaire d'aires protégées en Afrique s'est produite entre 1985 et 1995, ce qui coïncide avec la vague de politiques économiques néolibérales mondiales sur le continent. »[116]

Ce que les conservationnistes ont réussi à mettre en place est donc plus qu'une erreur de perspective : c'est une sorte de grand apartheid vert qui ne peut être séparé de la structure sociale et économique qu'il maintient en place. Il s'agit d'une sorte de système de ségrégation raciale (et dans ce cas également sociale) au nom de la protection de la nature : si vous êtes noir ou que vous n'avez pas d'argent, vous ne pouvez ni chasser, ni vivre, ni entrer dans cet espace délimité en tant qu'« aire protégée ». Si vous êtes blanc ou que vous avez beaucoup d'argent, il est en revanche possible d'y entrer, d'y chasser, d'y séjourner, voire de la polluer. Selon ce système, la « nature » doit donc devenir le terrain de jeu des riches et des blancs et sa valeur ne peut provenir que de la possibilité pour eux de l'exploiter (à des fins lucratives) ou de l'explorer (à des fins récréatives et de recherche). Toutes les autres manières d'être en relation avec la nature, qui ne seraient pas consuméristes ou esthétiques, sont interdites. Cette ségrégation verte, nous dit-on, est bonne pour la nature. Mais comme l'apartheid régnant en Afrique du Sud jusqu'en 1991, cette ségrégation a une fonction : défendre les intérêts de tous ceux qui se trouvent du bon côté de la barrière. Plus on crée d'aires protégées, plus on essaie de proté-

---

[116] Aby L. Séne, « Against Wildlife Republics: Conservation and Imperialist Expansion in Africa », *The Republic*, 2022 : https://republic.com.ng/october-november-2022/conservation-and-imperialist-expansion-in-africa/?mc_cid=345b84ba1c&mc_eid=a5543614c1

ger la nature au loin, et plus on continue à ne pas s'interroger sur les racines mêmes de cette destruction : le mythe – les mythes – permettant de défendre avec ténacité notre mode de vie.

Je sais que nous nous trouvons dans la partie du livre où, habitués que nous sommes au récit du super-héros qui sauve tout le monde à la fin du film, vous vous demandez peut-être : et maintenant quoi ? « Vous n'aimez pas les aires protégées, vous n'aimez pas ceci, vous n'aimez pas cela. Proposez-nous donc un modèle alternatif. » Je vais être honnête avec vous et je vais peut-être vous décevoir, mais je ne pense pas qu'il existe une « recette » unique pour sauver le monde : cette idée universelle, applicable partout, homogène, facile à comprendre et simple à mettre en œuvre. Une idée, partageable en un hashtag, pour réduire la complexité des multiples problèmes, liés entre eux, auxquels nous sommes confrontés. Une idée digne des institutions internationales, comme le « développement durable ». Bref, des idées du siècle. En fin de compte, je pense que croire en l'existence de telles idées fait déjà partie du problème. Et penser que c'est nous[117], Occidentaux, qui allons les trouver, est encore plus problématique. La réponse, ou plutôt toutes les réponses ne viendront pas de nous. Peut-être ne sont-elles jamais venues de nous. S'il y a des réponses quelque part, elles sont proches de la terre et de ceux qui y vivent, ceux qui paient le prix d'un grand nombre de nos idées du siècle. S'il y a des réponses, elles se trouvent peut-être dans les multiples possibilités de vivre, de voir le monde, d'interagir avec lui. Ce n'est pas un

---

[117] Par « nous », je fais référence à une personne occidentale générique, principalement urbanisée, mais pas seulement. Je suis consciente du fait que, en Europe, beaucoup d'agriculteurs, de bergers, de pêcheurs, etc., ont une relation à la nature différente de celle de la société dominante.

hasard si les endroits où la diversité humaine est plus grande sont plus riches en biodiversité, les deux étant liés. En fait, je pourrais vous dire que j'ai vu et entendu certaines des réponses aux problèmes de notre planète dans les chants secrets que les Baka partageaient la nuit, dans leur amour de leur forêt et des arbres, dans leur connaissance des éléphants, dans leur éternel remerciement à la forêt pour ce qu'elle leur a donné, dans leur façon durable de chasser et de pêcher. J'ai beaucoup appris sur la « nature » en séjournant dans la forêt devenue réserve de tigres des Jenu Kuruba et des Chenchu en Inde, en les voyant chercher, trouver et partager le précieux miel, en le mangeant dans mes mains, en riant avec eux. J'ai également vu des alternatives dans le lien profond qui unit les Massaï à leurs vaches, les Baiga à leurs tigres. Et puis, de plus en plus de preuves scientifiques le démontrent : les terres gérées par les peuples autochtones sont plus efficaces que les aires protégées pour conserver la biodiversité et lutter contre la déforestation[118].

Pourtant, il faut aussi se garder de penser que, de notre côté, nous n'avons rien d'autre à faire que d'applaudir les peuples autochtones et de les laisser protéger la nature pour nous tous. Car, après tout, c'est notre mode de vie qui menace leur nature :

---

[118] À ce sujet, voir par exemple FAO and FILAC Forest Governance by Indigenous and Tribal People. *An Opportunity for Climate Action in Latin America and the Caribbean*. Santiago, 2021, ou encore Schleicher, J., Peres, C.A., Amano, T. *et al.*, « Conservation performance of different conservation governance regimes in the Peruvian Amazon », Scientific Report 7, 11318, 2017 : https://doi.org/10.1038/s41598-017-10736-w
Sze, J.S., Carrasco, L.R., Childs, D. *et al.*, « Reduced deforestation and degradation in Indigenous Lands pan-tropically », *Nature Sustainability* 5, 123–130, 2022 : https://doi.org/10.1038/s41893-021-00815-2

ce sont nos émissions de carbone, notre consommation effrénée, notre accumulation de richesses, nos multinationales, nos projets de conservation, qui polluent, détruisent, volent leurs terres. Et c'est donc peut-être ici que nous pouvons commencer. En nous regardant dans le miroir, en trouvant les vrais coupables, en mettant un frein à notre égocentrisme et en réalisant que nous avons fait fausse route. Nous pouvons arrêter de trouver des « solutions universelles » pour tout le monde, et nous pouvons certainement arrêter de financer les mauvais projets dans la fureur de « sauver notre planète » : ces projets qui finissent par détruire les vies et les terres des peuples autochtones. Peut-être alors, dans le silence et l'espace créé, cesserons-nous enfin de nous cacher derrière de vieux mythes, des slogans vides de sens et de nouvelles justifications, et n'aurons-nous d'autre choix que de faire face à l'âpre vérité : notre mode de vie, tel qu'il est aujourd'hui, menace l'existence de la planète et des personnes qui y vivent. S'il faut agir, c'est ici, pour nous changer nous-mêmes : mais pas prioritairement en tant qu'individus, comme on veut nous le faire croire (recycler, ne pas manger de viande, acheter bio). Le changement dont nous avons besoin est un changement politique, un changement de société dans son ensemble. En tant que société, nous pouvons commencer à déchirer nos images, briser nos mythes et essayer d'imaginer différemment. Ce n'est qu'alors, collectivement, que nous pourrons peut-être changer notre façon de produire, de consommer, de redistribuer les richesses – notre façon d'interagir avec la nature et les autres humains.

Sans vouloir les essentialiser ni les idéaliser, je crois que les peuples autochtones ont beaucoup de choses à nous apprendre. Dans leur résistance persévérante aux attaques meurtrières de notre société contre leurs vies et leurs territoires, dans leur relation viscérale avec les animaux et les plantes qui les entourent, dans leurs connaissances enracinées à la terre, dans leur défense jusqu'à la mort d'un mode de vie différent, plus respectueux de la nature et des personnes, dans leurs idées de partage, de réciprocité et d'attention aux autres, les peuples autochtones nous rappellent une leçon que nous avons oubliée : la nature n'est pas séparée de nous, humains, telle une chose que nous pouvons « préserver » d'un côté et détruire de l'autre – nous ne faisons qu'un. Comme me l'a dit un Baka : « Le don de la biodiversité est le nôtre pour le moment, mais si nous le perdons, ce ne seront pas seulement les animaux et les plantes qui perdront : nous, les humains, nous souffrirons aussi. » Peut-être qu'il faudra faire plus que cela pour sauver la planète, mais lutter avec les peuples autochtones pour leurs droits à la terre et décoloniser la manière dont nous prétendons protéger la nature doit faire partie de ce voyage.

Un voyage qui doit commencer par la justice.

Les barrières les plus solides sont celles qui subsistent dans l'esprit.

– Naomi Fontaine, *Shuni*

Double ponctuation accompagne ses auteurs et autrices au plus près, pour faire de leurs textes des livres. Nous croyons que la qualité de la relation qui existe entre l'éditeur et l'auteur ou l'autrice détermine aussi la qualité du livre qui en naîtra. Il nous importe aussi de rendre leurs ouvrages les plus accessibles possible, en soignant en particulier la maquette.

Nous travaillons avec des professionnel·le·s de la chaîne du livre basé·e·s en France. Nous respectons le droit d'auteur, qui protège la création, qu'il s'agisse de celui des écrivains et écrivaines, des graphistes, des illustratrices et illustrateurs, des créateurs et créatrices de police de caractères... Nous encourageons nos lecteurs et lectrices à acheter leurs livres dans des librairies indépendantes, qui sont des espaces improbables et précieux, que ne remplaceront jamais les plates-formes numériques d'achat en ligne.

Nous soutenons les politiques de lecture publique, et les bibliothécaires qui, partout, font aimer et découvrir le livre. Nous essayons de lutter à tout prix contre la surproduction des livres – qui nourrit essentiellement, au final, le pilon – en ne portant qu'un nombre raisonnable de projets éditoriaux tous les ans, en ajustant les tirages au plus près et en publiant des textes hautement pérennes. Nous luttons aussi contre le clonage des livres – où toutes les publications finissent par se ressembler, traitent des mêmes sujets, de la même façon. L'éditeur et l'éditrice indépendant·e·s doivent porter d'autres regards sur le monde ; dans tous les domaines, la diversité est vitale.

Double ponctuation essaie de ne pas accentuer la pression prédatrice et destructrice qui s'exerce sur notre planète. Nous publions toujours sur papier certifié (gestion responsable des forêts), nous travaillons avec des imprimeurs basés en France et situés à moins de 500 km du lieu de stockage des livres. Par ailleurs, nous participons aux réflexions professionnelles et interprofessionnelles sur notre responsabilité environnementale et sociale.

En matière de féminisation des textes que nous publions, nous avons choisi avant tout de respecter la volonté des personnes qui nous confient leurs écrits. Il nous paraît néanmoins intéressant d'utiliser toutes les fois qu'il est possible une écriture épicène (« l'équipe enseignante » plutôt que « les enseignants »), d'appliquer le principe des doublets (accorder de façon consécutive les deux genres : « les lecteurs et les lectrices ») ou d'accorder en genre selon une logique de proximité (« les éditeurs et éditrices engagées »). Enfin, nous encourageons bien entendu la féminisation des professions, qui nous semble être un minimum indispensable.

En dehors des copies ou des reproductions strictement réservées à l'usage privé du copiste et non destinées à une utilisation collective, toute représentation ou reproduction intégrale ou partielle de ce livre, faite sans le consentement de l'auteur ou de ses ayants droit ou ayants cause, est illicite (alinéa 1er de l'article L. 122-4, Code de la propriété intellectuelle et artistique). Cette représentation ou reproduction, par quelque procédé que ce soit, constituerait donc une contrefaçon sanctionnée par les articles 425 et suivants du Code pénal.

Le livre peut avoir une deuxième vie. S'ils ne souhaitent pas conserver cet ouvrage, nous encourageons nos lecteurs à le donner (en vérifiant que ce don n'est pas destiné aux pays en développement, où il pourrait venir concurrencer la production d'éditeurs locaux et ne serait pas forcément adapté au contexte du pays), à le revendre ou à le mettre à disposition dans l'espace public. Une fois usé et abimé, ce livre (comme tous les autres) doit être déposé dans les conteneurs habituels réservés au recyclage de papier.

Achevé d'imprimer en avril 2023 par

CORLET
Imprimeur 360°
imprimer | façonner | diffuser

14 110 Condé-en-Normandie
N° d'imprimeur : 23040030
Imprimé en France

PEFC 10-31-1510   IMPRIM'VERT®